Raúl Espinoza Aguilera

Si quieres, PUEDES ser feliz

PSICOLOGÍA PRÁCTICA PARA TODOS

PANORAMA
superación

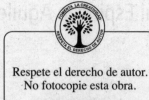

Si quieres, puedes ser feliz
Psicología práctica para todos
Raúl Espinoza Aguilera

Primera edición: Producciones Sin Sentido Común, 2019

D. R. © 2019, Producciones Sin Sentido Común, S. A. de C. V.
    Pleamares 54,
    colonia Las Águilas,
    01710, Ciudad de México

Teléfono: 55 55 54 70 30
e-mail: ventas@panoramaed.com.mx
www.panoramaed.com.mx

Texto © Raúl Espinoza Aguilera

ISBN: 978-607-8469-34-5

Impreso en México

Índice

Prólogo

La alegría, el optimismo y el buen humor son características fundamentales que requiere toda persona para poseer una adecuada salud mental; son factores claves para tener una larga vida con bienestar y felicidad.

En el mundo actual, con sus gigantescas ciudades donde residen millones de habitantes, el común denominador son las permanentes prisas de los citadinos en sus traslados desde sus hogares a sus respectivas oficinas y viceversa, en su modo de trabajar y, en general, en su forma habitual de vivir.

Da la impresión de que son pocos los que saben descansar para recuperar sus fuerzas y, en algunos casos, ni siquiera duermen el tiempo suficiente; se mueven con una agitación y un ritmo de vida trepidantes; multitudes –en las llamadas horas pico– corren desesperadas para abordar con premura los siguientes vagones o autobuses del transporte colectivo; aglomeraciones de masas anónimas se empujan, se arremolinan, se agreden o se insultan con tal de avanzar unos pocos metros más en sus fatigosas travesías o de conseguir un mejor sitio; miles de caras, en su mayoría, parecen haber perdido la capacidad de sonreír y, más bien, muestran un rostro adusto y severo, que circulan por las calles y avenidas con indiferencia hacia los demás.

En los cotidianos embotellamientos viales contemplamos a crispados automovilistas que miran su reloj con impaciencia, con un activismo tan frenético que, a menudo, las personas procedentes de otras poblaciones pequeñas que visitan la monstruosa metrópoli afirman que les produce vértigo y comentan, asombradas: "Esta ciudad no parece habitada por seres humanos, ¡sino por máquinas o robots!"

Todo ello ha tenido como consecuencia que muchas personas hayan perdido la paz interior y el sosiego espiritual para vivir con tranquilidad y armonía. Cada vez son más las que acuden a médicos, psicólogos o especialistas en psiquiatría en busca de remedios, soluciones y alivio para sus diversas dolencias y alteraciones, por ejemplo, en su ritmo cardiaco, en sus estados de ánimo, en su conciliación de un sueño reparador, en su digestión, etcétera. Constatamos que han proliferado, como nunca antes, enfermedades físicas, somáticas o del sistema nervioso que en épocas anteriores eran poco frecuentes.

Este libro tiene el objetivo de repasar los conceptos básicos para consolidar una personalidad firme y estable que se manifieste en vivir la propia existencia con paz, en armonía consigo misma y con sus semejantes, y sobre todo, conforme a la verdadera condición de la naturaleza humana, con sus cualidades y limitaciones, con sus facultades y capacidad de resistencia.

Cuando el psiquiatra Ernesto Bolio y yo terminamos de redactar, como coautores, la novela *Vencedores. Una novela acerca de los trastornos emocionales*

(Panorama, 2016), buena parte de mi trabajo consistió en conversar largamente con psiquiatras de México y España, y entrevistarme –si con libertad lo deseaban– con numerosas personas que, por sus acentuados síntomas, requerían una urgente atención psiquiátrica. Por supuesto, me di a la tarea de leer gran cantidad de bibliografía sobre esta especialidad de la medicina para comprender mejor las problemáticas que presentaban aquellos pacientes.

Al terminar mi trabajo me quedé con la clara convicción de que un buen número de las personas que entrevisté en clínicas psiquiátricas y centros de rehabilitación para las adicciones no habría necesitado ser internada, si hubiera observado a tiempo y con la debida prudencia unas normas elementales y de sentido común para mantener su equilibro psicológico. Es por ello que me animé a escribir este libro con la finalidad de ofrecer a los lectores una serie de consejos prácticos y asequibles para ayudarlos a conservar su salud mental.

Una actitud madura y realista ante la vida implica saber analizar y hacer una autoevaluación sobre temas esenciales, por ejemplo: ¿cómo enfocar de forma acertada el trabajo, el dinero, la sexualidad y las diversiones?, ¿qué factores suelen quitarnos la serenidad y qué remedios se deben emplear para recuperarla?, ¿qué hacer ante los momentos de crispación, de enfermedad o de tristeza?, ¿cómo hay que visualizar el sufrimiento y la muerte?, ¿por qué es importante que nuestro ser entre en contacto con la estética y la belleza?, ¿qué cosas nos hacen reír y por qué es importante saber apreciarlas?

Sin duda, cuando extravían el significado trascendente de la existencia humana, no pocas personas pierden el rumbo de su camino, ante tantos estímulos externos o los falsos espejismos que presenta nuestra sociedad actual, y sufren trastornos emocionales.

Mi más profundo anhelo es que los lectores tengan una clara dirección en sus vidas, una brújula que los conduzca hacia la alegría profunda y hacia una felicidad perdurable.

Raúl Espinoza Aguilera

Capítulo 1

La ilusión
de estrenar cada día

Poseemos una vida que es única, breve e irrepetible. Por ello, ¡qué importante es vivir con sabiduría y empezar con entusiasmo cada día de nuestra existencia! Me da pena observar a muchas personas que van por el camino de sus vidas cargadas de apatía o aburrimiento y que muy pocas cosas despiertan su interés. Afirman que experimentan, en su mundo interior, una insoportable monotonía y hastío. Pienso que todo ello puede evitarse si imprimen ilusión y optimismo en todo lo que realizan a lo largo de la jornada; que muchas veces serán detalles pequeños, pero que adquieren una dimensión fascinante si los aprovechamos bien, con alegría, con la ilusión de la primera vez.

¡Qué fácil resulta dejarse arrastrar por sentimientos negativos como el malhumor, la intranquilidad, la actitud amargada o quejumbrosa, la visión crítica; o permitir que de ordinario se viva en un continuo estado de malestar interior! Cada persona vive dentro de un mundo que ella misma se ha proyectado y forjado. Por citar un ejemplo, una enfermedad que impide desarrollar la actividad exterior normal, para algunos puede convertirse en una verdadera tragedia, con tintes de catástrofe, pero para otros, en cambio, es una magnífica oportunidad para meditar, reflexionar y revisar metas y propósitos laborales, familiares y personales. Parece increíble y paradójico, ¡pero muchos sucesos que nos ocurren, y que de momento nos cuesta aceptar, pueden redimensionarse con un giro o un enfoque acertados y constructivos, y así podremos obtener un bien, a partir de un mal aparente!

Con ocasión del Día Nacional de la Familia, que suele celebrarse el primer domingo de marzo, escribí un artículo en el que narraba los inolvidables y divertidos encuentros con mis abuelos, padres, tíos, hermanos y primos, a propósito de algunos cumpleaños familiares. Cerca de un centenar de personas nos reuníamos en aquella enorme casona de los abuelos. Recordaba cómo los niños inundaban el patio con su algarabía y juegos infantiles. Mientras, los mayores relataban anécdotas divertidas y algunos muy buenos chistes. No había grandes gastos ni lujos, pero compartíamos cordialmente una sencilla comida y, sobre todo, el grato placer de convivir en armonía familiar.

Como el artículo mencionado fue publicado en un portal de internet, una señora de Buenos Aires me envió un correo electrónico en el cual me decía:

Es verdad lo que usted dice, y me hubiera gustado tener una familia tan alegre y numerosa como la suya. Pero si miramos atrás, en nuestras propias biografías hay muchas cosas que podemos agradecer a la vida y a nuestros seres queridos que tantas veces nos hicieron reír y pasar momentos entrañables, maravillosos. Pero, me pregunto, ¿por qué a veces tenemos los seres humanos la maldita tendencia a recordar únicamente lo negativo, lo sombrío; a rumiar nuestras amarguras, resentimientos y rencores, o a darle un sesgo pesimista a nuestra existencia y a esos recuerdos familiares?

Este comentario me hizo reflexionar sobre un tema importante: no cabe duda de que transcurrir por la existencia cotidiana entraña siempre la posibilidad de enfrentarnos con luces y sombras, situaciones agradables o ingratas; vivimos en un permanente claroscuro. ¿Quién no ha experimentado, por ejemplo, cierto malestar ante determinadas fricciones o roces, en esos ratos de amable convivencia, entre dos seres queridos a los que apreciamos por igual? Por ello, ¡qué importante es animarlos a que hagan las paces cuanto antes; a que sepan perdonarse de todo corazón! O bien, si son minucias intrascendentes, por lo demás inevitables en toda convivencia, aprender a pasarlas por alto y con elegancia.

Hemos de tratar de enfocar nuestra vida con optimismo, sin dejar de ser muy realistas. Esta postura me parece clave para aprender a pensar siempre en positivo, ¡pase lo que pase; suceda lo que suceda!, imprimiendo ilusión en lo que realicemos en cada jornada. No afirmo que cerremos los ojos a la realidad que, en muchas ocasiones, se nos presenta dura, áspera y cuesta arriba. Me refiero, más bien, a que en nuestras manos está darles una dimensión asertiva a nuestros problemas, y transformarlos en retos y desafíos.

Disfruto mucho todas las competencias deportivas, en especial los Juegos Olímpicos. Observo con interés cómo en las pruebas de atletismo los competidores arrancan a toda velocidad al escuchar el disparo de salida. En las carreras de 400 metros con vallas, por ejemplo, vemos cómo los atletas se dirigen a toda prisa hacia la meta. Es frecuente que algunos corredores derriben involuntariamente alguna de esas vallas, pero no se desaniman ni se detienen, sino que continúan con su rápida carrera.

Con frecuencia he considerado que, gracias a este tipo de competiciones, podemos obtener lecciones útiles y aplicables para nuestra vida, porque una característica constante en los atletas es que no le dan importancia a los tropiezos ni a los pequeños errores. Reaccionan como resortes, se incorporan de inmediato y siguen adelante sin desalentarse. Sus entrenadores, después de la carrera, les explican los motivos de sus equivocaciones para que no las cometan de nuevo en las siguientes carreras.

Es muy saludable visualizar la vida humana con ese mismo espíritu deportivo, dejando de lado los tropezones y los pequeños errores que pudieron haber ocurrido durante la competición, y aprender a recorrer esa carrera de nuestra existencia con garbo y buen ánimo.

No obstante, para ello se requiere enfrentar una íntima batalla permanente. Muchas veces no resulta fácil quitar de nuestra mente un pensamiento pesimista o la irritabilidad ante una contradicción, pero hay que intentarlo una y otra vez hasta lograrlo.

Desde el momento en que nos despertamos por la mañana, considero que uno de los primeros pensamientos que deben de venir a nuestra mente es, por ejemplo: ¿qué asuntos interesantes voy a realizar el día de hoy en mi trabajo?, ¿cuáles metas me gustaría lograr a lo largo de esta semana?

No sólo me refiero a los grandes acontecimientos de nuestra vida, sino a esos pequeños sucesos cotidianos a los que podemos imprimirles un tono de ilusión, como poner en orden una serie de tareas que debemos efectuar y darles una jerarquía para su gradual realización; esas reuniones con familiares o los amigos con motivo de algún cumpleaños; algún festejo especial; sacarle buen partido a un detalle divertido que se nos ocurrió y compartirlo con nuestros seres queridos, etcétera.

Otras veces, esas ilusiones pueden orientarse a contemplar un hermoso amanecer o al cambio de las estaciones durante el año; a mirar en el campo un cielo cuajado de estrellas o admirar un bello paisaje, con verdes praderas, árboles frondosos y una parvada de pajarillos que cantan con júbilo; a observar con calma un jardín bien cultivado con una hermosa y selecta variedad de flores. También son valiosos esos encuentros cotidianos con las personas con las que trabajamos o convivimos; con ese gracioso niño que nos saluda y sonríe al pasar por la acera, en la puerta de su casa, acompañado de su madre, y darnos el tiempo para detenernos un momento para corresponder a sus muestras de afecto; es preciado conversar con el anciano vecino, que de antemano sabemos que agradece que le escuchemos, sin proyectar la sensación de prisa y mostrando auténtico interés porque quiere relatarnos un entrañable recuerdo de su juventud. Podemos mantener la ilusión cuando vamos a asistir a escuchar a un célebre cantante o a un conocido grupo musical, a una exposición de pintura o a la presentación de un libro que nos interesa y que disfrutamos en compañía de nuestros seres queridos.

En este sentido, me llama mucho la atención la capacidad de asombro que tienen los niños. A menudo escuchamos, en un parque público, expresiones como:

- "Mira, papá, allá va un avión. Cuando sea grande, me gustaría ser piloto", le comenta un chico a su padre.
- "Mamá, ¡qué bonito perro lleva esa señora! ¡Me encantan esos perritos, pero me fascinan más los gatos!", dice ilusionada una niña.
- "¿Ya te fijaste, abuelita, que hoy tenemos una enorme luna llena? ¡Está tan grande que casi parece que voy a tocarla con mis manos!", comenta otra pequeña.

Considero que los adultos, como los niños, no debemos perder nunca esa capacidad de asombro porque va muy ligada a la ilusión de vivir. Esas experiencias vitales deben enseñarnos a dar las gracias por todo lo que vemos, sentimos y tenemos; a saber gozar de las cosas sencillas del presente; a contemplar el tiempo pasado con agradecimiento y a mirar el futuro con ilusión.

Pero muchas veces en nuestra vida aparece el zarpazo de la adversidad, de la enfermedad y de la contradicción. Para conservar esa alegría se requiere mantener firme el carácter y estable la fortaleza. Es una virtud que no se improvisa ni surge por generación espontánea. Muchas veces se requiere un temple de acero para que, a pesar de los escollos del camino, impere el buen ánimo y no se pierda el entusiasmo.

Tengo muy grabada en mi memoria aquella célebre película *Carros de fuego* que describe de forma magistral el desempeño de algunos deportistas en los Juegos Olímpicos de París, a principios del siglo pasado. En específico el filme se centra en cómo la escuadra de atletismo de Inglaterra logró conquistar un buen número de medallas, a pesar de que otros países eran notablemente superiores en ciertas pruebas atléticas.

Me impresionó un detalle en particular: en la carrera de 200 metros planos, uno de los protagonistas de la película resbaló y cayó en plena competencia. ¡Parecía que tantos meses de preparación y esfuerzo se iban a pique! De pronto, aquel atleta escocés se incorporó con agilidad, aceleró su carrera y metió un impresionante esprint final. Abriendo la zancada e inclinando su pecho hacia la meta, logró ganar por escasos centímetros y llevarse la medalla del triunfo.

En esta vida, considero que tenemos que recorrer una pequeña olimpiada personal. Todos tenemos caídas, fallos y errores, pero lo más importante es la capacidad de aprender a reaccionar, a levantarnos de inmediato y a continuar dando la pelea hasta el final de nuestros días.

Pero ¿dónde se encuentra el motor interior para mantener de forma permanente la alegría y el buen ánimo? En vivir conforme a la verdad. Dicho en otras palabras, en ser congruente entre lo que se piensa y lo que se hace. Buscar siempre, a pesar de los obstáculos, aquello que se identifica con la bondad y la verdad. Sólo así se consigue la verdadera paz de espíritu.[1]

No hay nada que haga más infeliz al ser humano que vivir en la mentira, en la hipocresía y en el engaño de sí mismo. La verdad, en cambio, tiene una fuerza liberadora de las tinieblas de la ignorancia; quien sigue la verdad en forma permanente y a lo largo de su itinerario en el tiempo acaba por alcanzar una serena felicidad y un perdurable gozo.

Lo que he descrito en unas cuantas pinceladas ¿no es acaso volver a nuestros orígenes de vivir más en comunión con nuestro Creador y con nuestros hermanos los hombres? ¿No se trata acaso de retornar a las raíces para tener un contacto permanente con nuestra naturaleza circundante que nuestros sabios antepasados mantuvieron siempre?

Sin duda, es ahí donde se encuentra la fuente de la verdadera alegría. Además, a través de ese continuo aprendizaje acabamos por adquirir el hábito de enfocar adecuadamente las cosas pequeñas e interpretar con

---

[1] Miguel Ángel Martí García, *La ilusión. La alegría de vivir*, Barcelona, EUNSA, 1998.

acierto los sucesos que nos acontecen a diario. La vida ordinaria está llena de sorpresas, aspectos interesantes, amables, y muchas veces simpáticos y divertidos. ¡El reto es aprender a descubrirlos y, como nos enseñan los niños, estrenar con ilusión cada día!

Capítulo 2

¿Cómo conservar la salud mental?

Cada vez es más frecuente que escuchemos que alguna persona se encuentra con depresión nerviosa, en plena crisis existencial o con franca neurastenia.

Algunos psiquiatras aseguran que se trata de enfermedades características de nuestra época. Varios médicos opinan que esto se debe, sobre todo en algunas personas, a un distorsionado modo de proceder, pues pretenden hacerlo todo con tres actitudes: *1)* con una gran prisa y celeridad; *2)* buscando resultados casi instantáneos; *3)* que se obtenga de inmediato *la suma perfección* en cada acto humano. Se irritan consigo mismas o con los demás si cometen el más mínimo error. A esta manera de proceder se le denomina *perfeccionismo,* que es un desacertado enfoque de pretender realizar las cosas exageradamente bien, con un grado de perfección que raya en lo patológico. Es indudable que el perfeccionismo acaba por agotar las fuerzas físicas y mentales de cualquier persona.

También se ha introducido en nuestra sociedad, por presiones de ciertos directivos, un modo de trabajar en el que se sabe con certeza la hora de entrada a la oficina, pero se desconoce a qué hora se concluirá la diaria jornada laboral.

Unos sostienen que es un estilo *moderno* que proviene de Europa y Estados Unidos, y que gradualmente se ha impuesto en nuestro país. Otros afirman que la verdadera razón es que "es mal visto por el jefe de la oficina, naturalmente, salir antes de las 8 de la noche". Ante el creciente desempleo, se tiene el temor de perder el trabajo si se abandona la oficina cuando existe la probabilidad de que el jefe llame al subalterno para hacerle algún nuevo y urgente encargo, y ceden a esa presión sin que exista una norma escrita al respecto. Algunos pocos admiten que el problema radica en ellos mismos, por falta de orden a lo largo de su jornada de trabajo.

Son muchos los profesionales que confiesan, en plan confidencial, que al llegar temprano a su oficina lo primero que hacen es ver y contestar los correos electrónicos, navegar por internet o meterse un largo rato a sus redes sociales. A continuación comienzan a llamar por teléfono a sus familiares y amistades para saludarlos o, quizá, para planear el próximo fin de semana… ¡y de pronto se percatan de que son más de las 12 del día o, incluso, casi la hora de la comida y no han resuelto ningún asunto importante de las responsabilidades que tienen asignadas! Entonces vienen las prisas, trabajar a marchas forzadas y, sobre todo, llegar muy tarde a casa, cuando sus hijos ya se durmieron.

De esta manera, cada vez es más común que jóvenes profesionistas prácticamente no dediquen tiempo a sus cónyuges, a sus hijos ni a su necesario descanso.

¿Cuál ha sido el resultado? Un considerable desgaste físico; derrumbes psicológicos con marcados trastornos emocionales como insomnio, alteración nerviosa, ansiedad, angustia, impaciencia, irritabilidad ante la más mínima contrariedad, etcétera.

De igual forma, aumentan los trastornos llamados *psicosomáticos*, que también provoca el estrés en el organismo, como taquicardias, gastritis, colitis, dolores musculares, migrañas, padecimientos en la columna vertebral, etcétera.

Son muchos los que se ven en la necesidad de acudir al especialista porque afirman que se han vuelto pesimistas o negativos, que han perdido la ilusión de vivir, o bien, que han reducido su rendimiento laboral o su capacidad de concentración mental y, además, que les vienen episodios de inexplicable tristeza o melancolía.

Las recomendaciones para resolver esta situación suelen orientarse hacia los siguientes aspectos:

Aprovechar bien el tiempo laboral cuidando la puntualidad y el orden. Luchar por vencer la pereza o la desgana, y aplicarse en resolver los asuntos importantes y urgentes que se tengan para ese día o esa semana. Definir un tiempo más bien limitado para la atención de las llamadas telefónicas, abordar los temas medulares del trabajo, ir al grano para abreviarlas y, de preferencia, hacia el final de la mañana. Las redes sociales, los correos electrónicos y navegar por internet suelen ser factores frecuentes de lamentables pérdidas de tiempo;

por tanto, se sugiere ser muy selectivo, no perder la autocrítica y, como se dice en el futbol, *ir a tiro hecho*, con preguntas tan concretas como éstas: ¿qué portal quiero consultar y sobre qué tema?, ¿cuáles correos son verdaderamente importantes para que los responda cuanto antes?, y el resto de ellos los dejo para cuando tenga tiempo. ¿A cuáles clientes, parientes o amistades es conveniente que, a través de las redes sociales, felicite por sus cumpleaños, les desee una pronta recuperación o les brinde unas palabras de pésame ante el fallecimiento de uno de sus seres queridos?

Darle al trabajo su justa dimensión. Es decir, establecer un horario laboral de tal manera que sea posible contar también con un espacio para convivir en familia, para practicar algún deporte y para recrearse en algún pasatiempo donde el cuerpo y el espíritu descansen y recuperen las fuerzas. En este sentido, el descanso no es una *pérdida de tiempo* –como algunos equivocadamente piensan–, sino una necesidad real para después rendir más y mejorar en los propios deberes.

Eliminar los factores que producen estrés. Para algunos los motivos de su alteración pueden ser ocasionados, por ejemplo, por escuchar o ver por la noche los noticieros sensacionalistas, cargados de sucesos trágicos; para otros, el lento tráfico citadino. Para ello se recomienda –si se conducen largos trayectos en coche– no escuchar ese tipo de noticias, sino más bien música relajante, practicar algún idioma, escuchar obras literarias clásicas, conversar con Dios y encomendarle los diversos asuntos por realizar, rezar el rosario, etcétera.

Descubrir cuáles actividades nos producen descanso. No hay normas fijas en este apartado, puesto que cada persona tiene su propio carácter y temperamento. Lo que descansa a uno, a otro puede resultarle fastidioso. En cualquier caso, debe haber un serio empeño por descubrir qué es lo que verdaderamente nos relaja y reanima.

Ante las dificultades, resulta clave pensar en positivo. Cuando sea posible hay que buscar soluciones. En un primer momento, todos tenemos la tendencia a agigantar los problemas cotidianos de la vida y a reaccionar como experimentados actores o actrices de una dramática telenovela. Sin embargo, hay que mantener la calma siempre ante las dificultades y nunca rendirse, por más grandes que éstas sean o parezcan.

Tengo muy grabada en mi memoria la devaluación de diciembre de 1994. Entonces, yo pertenecía al consejo de administración de una pequeña editorial. A los pocos días tuvimos la primera reunión del consejo administrativo para hacer un balance de la situación económica y un consejero se apresuró a comentar, desanimado:

—Señores, esta empresa se acabó. Esta crisis nos llevará a la quiebra porque tenemos muchos libros de importación. ¡Hay que cerrarla de inmediato para evitar más pérdidas!

Por fortuna, la opinión de la mayoría de los consejeros fue que había que sortear dificultad por dificultad, sin alarmismos.

El resultado fue que en la actualidad esta editorial ha cobrado un *segundo aire* y nuevos bríos, ¡y todo gracias a esa visión prudente, paciente y optimista!

Es importante saber mantenerse ecuánime. Por ejemplo, cuando ocurren tragedias causadas por fenómenos naturales es común que los dirigentes de los países hagan un llamado a los ciudadanos para que conserven la calma y la tranquilidad. Ante las situaciones imprevistas de la vida, nada se gana con alterarse o perder los estribos. En cambio, saber mantener la ecuanimidad ayuda a encontrar las soluciones más acertadas y correctas.

Los psicólogos recomiendan conocerse bien a uno mismo. Sigue vigente aquella máxima del filósofo griego Sócrates, que recomendaba a sus discípulos "conócete a ti mismo".

¿A qué me refiero? A que en la vida profesional podemos caer en los dos extremos:

a) El que valora exageradamente sus facultades, considera tener numerosas cualidades y prácticamente ninguna limitación, entonces le sobrevienen los inevitables *frentazos* contra la cruda realidad.

b) El que ha perdido su autoestima y no se cree digno de escalar puestos de mayor responsabilidad o jerarquía.

En ambos casos se recomienda hacer una autoevaluación para examinar con detenimiento las propias virtudes y defectos y, partiendo de esa base, obrar en consecuencia.

Como conclusión, para conservar la salud mental es necesario aprender a mirar el lado amable y positivo que cada día la vida nos presenta. Si son dificultades, ver desafíos para crecer personalmente; si son oportunidades, saberlas aprovechar con eficacia para nuestro desarrollo profesional, pensando también en el bien de los demás.

Nada ayuda más en el ambiente de una familia o de un trabajo que tener al lado caras sonrientes y actitudes cordiales, con un espíritu ilusionado, emprendedor y positivo.

Siempre he pensado que una persona que comunica a su alrededor alegría y paz tiene el *efecto del búmeran*, y lo más común es que los demás le respondan también con una amable sonrisa y se genere un clima de grata convivencia.

Tengo particular simpatía por esos hombres de negocios que, no obstante su encumbrada posición social, saben convivir con las personas de todos los niveles que se encuentran en su cotidiano camino al trabajo.

Por ejemplo, al subirse al coche por la mañana temprano, lo primero que hacen es preguntarle a su chofer si su niña ya se curó de la bronquitis. Ante la respuesta de que ella va mejorando, pero con mucha lentitud, el empresario se adelanta a comentar con generosidad:

—Bueno, si no se alivia, te recomendaré a un buen médico y te ayudaré con los gastos. No te preocupes.

Entonces le hace un encargo urgente a su chofer y éste se ausenta de inmediato, por lo que se ve en la necesidad de dejar su automóvil en la vía pública y le advierte, en tono bromista, al joven que lo cuida en la calle:

—Mi amigo Joel, ¿cómo estamos? Y si le *vuelan* los tapones, ¿tú respondes?

—¿Por qué lo dice? ¡Si nunca le han robado nada a su coche!

—Te lo digo nada más para que no pierdas la forma ni bajes la guardia, como los buenos boxeadores. Así que ¡aguzado, mi cuate!

—¡Ah, cómo le gusta vacilar, don! –comenta el sonriente joven.

Unos pasos más adelante, al entrar al edificio, se encuentra con el policía de vigilancia:

—¡Poli, mi más sentido pésame, volvió a perder el América! ¿Quién falló: el entrenador o el portero?

—Yo creo que el entrenador porque no hizo el cambio a tiempo de dos jugadores que ya estaban reventados de cansancio en el segundo tiempo.

—Pues ya es el cuarto partido que pierden en forma consecutiva y en vez de águilas ya parecen canarios, como se llamaban hace años. ¿Cómo la ve, mi poli?

—¡No la *amuele*, don! –dice, mostrando su amplia dentadura.

Sube por el ascensor a su oficina, saluda con amabilidad a su secretaria y le pregunta:

—Y hoy ¿por qué tenemos tantas flores?

—Es que es el cumpleaños de su socio, el licenciado Lara, y fíjese que también ya le llegaron varios regalos.

De inmediato se dirige a la oficina del festejado y
con entusiasmo le dice:

—¡Ven a mis brazos, mi nunca bien ponderado licenciado! ¿Cuántos años cumples?

—Cincuenta y cinco, señor.

—Caramba, ¿y por qué te quieres jubilar tan pronto? –el licenciado pone cara de asombro y desconcierto–.
¡No, no te creas, es sólo una broma! Lo que sí puedo
asegurarte es que has arribado a la edad perfecta.

—¡Qué bien! –responde con ingenuidad el licenciado Lara.

—¡Pero para los achaques, mi estimado!

De pronto se escucha una inesperada carcajada
general.

El empresario gira hacia atrás y se da cuenta de que
a su alrededor están presentes los empleados de prácticamente media oficina, celebrando los comentarios con
chispa de su jefe, y a continuación les reclama:

—Bueno, a la hora de la comida vamos a agasajar al
señor licenciado Lara, pero ustedes, el día de hoy, ¿acaso
no quieren *ganarse el bolillo*? Así que pronto se deshace
la *bolita* y todos reanudan su trabajo con alegría.

Sin duda, no cuesta nada ser amables y sonreír a
los demás, más allá del trabajo que realicen o de su es-
trato laboral. Son de igual forma personas que necesitan
palabras de reconocimiento y aliento a su trabajo cotidiano, un detalle de auténtico interés o un comentario
cordial, ¡lo agradecen más de lo que imaginamos!

Capítulo 3

¿Cuáles son las características de una personalidad madura?

La coherencia en la vida exige un esfuerzo individual por consolidar una personalidad cada vez más madura y estable, en la que no tengan cabida las fisuras ni los resquebrajamientos en la conducta, porque ello conduciría a llevar una especie de *doble vida*.

Con frecuencia escuchamos que una persona *no ha sentado cabeza,* que *su adolescencia se ha prolongado por muchos años* o simplemente que *fulano de tal es un egocéntrico, un inmaduro.*

La pregunta es ¿cuáles son, entonces, las características de una persona para que se le considere madura? Enumero algunas de ellas:

Objetividad. Una personalidad madura tiene conciencia de sus defectos y de sus virtudes; de sus aciertos y de sus errores.

Sabe tomar en cuenta la opinión de los demás para corregirse y tener un conocimiento más objetivo de sí misma. Hay individuos que se disgustan o se irritan ante cualquier crítica constructiva que se les haga.

Muchos pensadores han comparado la conformación de la personalidad con la labor del escultor frente al gran bloque de mármol. Si el mármol, hablando en forma figurada, permite con paciencia y con docilidad que el artista realice su labor para eliminar con el cincel y el martillo lo que sobra, al final quedará una obra de arte.

En los modernos libros sobre superación personal se comenta mucho que las limitaciones o los problemas que tiene un individuo no deben representar factores de agobio, de *hundimiento* personal o provocar la sensación de fracaso. Por el contrario, deben ser enfocados como retos, desafíos y oportunidades para crecer en alguna virtud o vivir determinado valor.

¡Cuántas personas que se decían *negadas* para la música, por ejemplo, después de recibir clases en educación artística y, posteriormente, con la práctica de algún instrumento musical, llegaron a ser aceptables pianistas o cantantes!

Y en vez de ser un elemento pasivo en las fiestas, gracias a su constancia, dedicación y esfuerzo pasaron a convertirse en la alegría de las reuniones sociales cuando tocan su acordeón, la guitarra o el piano, o cuando cantan las melodías en boga.

Autonomía. Es una virtud por medio de la cual se adquiere independencia y se actúa por iniciativa propia. Son personas que aprendieron, en el tiempo oportuno y conveniente, a *romper* –en sentido figurado– *el cordón umbilical* materno y paterno para forjar sus propias metas e ideales en la vida. Esos hombres o mujeres valoran y agradecen mucho la formación recibida de sus padres, pero a la vez comprenden que para llegar a su plenitud requieren autonomía propia.

Hay individuos a quienes les afecta mucho la imagen que proyectan de sí mismos ante los demás y conciben esta clase de ideas: "Qué tal si me consideran una *persona exitosa* o, por el contrario, *fracasada;* si piensan que soy un *don nadie,* o bien, si sirvo para algo". Todas esas visiones necesariamente generan inseguridad e incertidumbre.

Parecería que piden permiso a los demás para proceder y, por ende, son muy influenciables o manipulables.

Una característica de la persona madura es estudiar la carrera universitaria para la que se sienta más capacitada; trabajar y desarrollarse en su especialidad; practicar los pasatiempos que le gusten. En definitiva, realizar aquello para lo que se sienta facultada o que la haga sentir bien consigo misma, sin la perturbadora obsesión de *qué pensarán sobre mí los demás.*

Un amigo tenía una particular habilidad para la actividad intelectual, concretamente para escribir. Su ilusión era estudiar la carrera de comunicación. Sin embargo, su padre, quien era un conocido ginecólogo, le insistía en que estudiara medicina porque todos los miembros de su familia eran doctores, dentistas o veterinarios.

Solía decirle a su hijo con insistencia:

—¡Convéncete: los comunicadores se *mueren de hambre!*

Pero aquel amigo me comentaba:

—¿Cómo voy a ser médico, si con el simple hecho de ver sangre o presenciar una operación quirúrgica me dan náuseas?

Lo cierto es que este conocido mío, finalmente, y en contra de la voluntad de su padre, estudió comunicación en una reconocida universidad. En la actualidad se desempeña como comentarista en una cadena de radio, ha publicado varios libros, escribe en algunos portales de internet y goza de bastante prestigio en los medios de comunicación. Como es lógico, se encuentra satisfecho con las actividades que realiza porque todo eso lo logró gracias a su esfuerzo personal y a su *autonomía de vuelo.*

Capacidad de amar. Cuando una persona alcanza la madurez, tiene la posibilidad de entregarse por completo a un amor en su vida, de unirse en matrimonio y de formar una familia. Además, tiene la potencialidad de servir, de trabajar de forma desinteresada por el bien del prójimo y de involucrarse en asociaciones en beneficio de la sociedad.

Querer al cónyuge, a sus hijos y, posteriormente, a los nietos es fuente de inagotable alegría, aunque, como es lógico, no falten los momentos de apuros económicos o de sufrimientos. ¡Forman parte de la vida misma!

Sentido de responsabilidad. Una persona responsable, centrada en su vida, es aquélla que no necesita que la empujen o le recuerden una y otra vez cuáles son sus deberes como universitario, profesionista, madre o padre de familia. Conoce cuáles son sus responsabilidades, y las cumple por iniciativa propia con gusto y dedicación, realizando con eficacia su trabajo.

Visión amplia. Implica tener una visión panorámica de la vida y de las personas. Sabe captar las distintas facetas de la realidad y se centra en el logro de las metas trazadas en su campo profesional, familiar, personal, religioso, económico, político, estético, etcétera.

Sentido ético. Es cuando una persona sabe distinguir entre lo que es bueno y lo que es malo, y actúa siempre en consecuencia de esto. No relativiza a su propia conveniencia los sucesos que le ocurren y procura mantenerse congruente a lo largo de toda su vida.

Capacidad de reflexión. En una sociedad que parece que debe marchar a gran velocidad, da la impresión de que muy pocos se toman el tiempo de sentarse a pensar con calma y a reflexionar sobre sus propios actos. Sin duda, la conducta irreflexiva entraña una equivocada actitud, porque la capacidad de tener introspección y de conocernos más a nosotros mismos es una característica fundamental para el desarrollo armónico de la personalidad.

Sentido de humor. Una persona madura sabe ver los problemas en su justa dimensión. Tiene la capacidad de no perder la alegría ante las dificultades; incluso sabe reírse de sí misma cuando se da cuenta de que dramatiza ante determinados hechos o pierde la objetividad.

Capacidad de entablar amistades profundas. Un individuo maduro valora mucho sus amistades. No son lazos superficiales o pasajeros. Tampoco instrumentaliza las relaciones ni las reduce a *escalones* para subir de manera utilitaria o ventajosa ni a meros vínculos del tipo *te doy ahora para que me des mañana*.

Por el contrario, ayuda con generosidad y sin esperar nada a cambio y, si hace falta, les hace la oportuna corrección en forma cordial. Sabe y espera que sus amigos, como el buen vino, mejoren con el tiempo, y lo habitual es que esas amistades, si son bien cultivadas, se consoliden y prolonguen a lo largo de toda la vida.

Seguridad y flexibilidad. Una personalidad madura es la que tiene firmes convicciones y actúa con coherencia en la relación entre su pensamiento y sus acciones.

Sin embargo, sabe ser flexible cuando las circunstancias así lo requieren, con el suficiente criterio. Con el paso del tiempo podría surgir cierta resistencia a los cambios de planes o de proyectos. Para evitar esa rigidez mental, hay que estar vigilantes y luchar en contra de esa tendencia.

Manejo de la frustración. Una parte importante de la madurez es sacarle la *punta positiva* a los errores y a las equivocaciones, de tal manera que se conviertan en lecciones de vida, en aprendizaje, en experiencia. Quien se siente amargado y desalentado ante sus desaciertos no es una persona madura.

Manejarse por objetivos. Una persona centrada en su vida sabe cuáles son sus metas personales, familiares y profesionales a corto, mediano y largo plazo, y a su debido tiempo las implementará. Con plena libertad, se fija sus planes de vida y da pasos firmes hacia esos objetivos.

En definitiva, la integración de la personalidad madura abarca múltiples aspectos, pero podemos afirmar que toma en cuenta tanto lo humano como lo espiritual porque tiene una visión trascendente de la existencia.[2]

[2] Ernesto Bolio y Arciniega, "Personalidad madura", en *Istmo*, núm. 112, México, 1990.

Capítulo 4

¿La felicidad se encuentra en el sexo?

Ésta es la pregunta que numerosas mujeres y hombres –en particular durante la juventud– se hacen con frecuencia en nuestro tiempo. Por desgracia, no faltan quienes se vuelcan en una desenfrenada actividad sexual en pos de ese pasajero deleite carnal y descubren, al poco tiempo, que la felicidad que afanosamente buscaban se les escapa como agua entre los dedos porque, desde luego, allí no se encuentra. Además existen las enfermedades venéreas que contraen, padecen y sufren; algunas de éstas, para sorpresa de muchos que piensan que nunca les ocurrirá a ellos, resultan crónicas, irreversibles, incluso mortales, como el sida.

El escritor inglés Daniel Davies publicó una novela que ha tenido resonancia internacional, titulada *La isla de los perros*, que ha sido calificada como la mejor novela británica de 2009. Carlos Rubio, corresponsal del periódico *Reforma*, le hizo una interesante entrevista[3] que,

---

[3] Carlos Rubio, *Reforma*, Sección cultural, 8 de febrero de 2010.

en honor a la verdad, me resultó muy reveladora puesto que son declaraciones de un joven intelectual europeo de la llamada *sociedad posmoderna*, que critica un fenómeno sociocultural que ocurre en los países occidentales desde hace más de 40 años.

Declara este escritor que le impresiona cómo en una época tan comunicada por los teléfonos celulares y las redes sociales la convivencia humana se ha tornado más superficial, impersonal y fría que nunca.

También comenta que existe una marcada alienación en la vida urbana debido a una búsqueda desmedida de la obtención de bienes materiales, pero, por encima de ello y ante todo, de conseguir el placer inmediato en un *aquí* y un *ahora* en sus más variadas formas y a cualquier precio.

"Me parece que el capitalismo –comenta Davies– ha creado un ambiente de *hipersexualidad*. Nuestras culturas están empapadas de imágenes de sexo, pero su función es alentar y aumentar el consumismo. Entonces tenemos un impulso sexual colectivo muy potente, estimulado por las fuerzas comerciales."

Afirma este escritor que, como producto de esta continua exposición de pornografía en los medios de comunicación, sobre todo en internet, se ha generado entre jóvenes de ciertos países europeos el llamado *dogging* (del inglés *dog*, "perro"; *dogging*, "perrear") que consiste en "mantener relaciones sexuales en lugares públicos, por lo general de forma anónima y sin que haya compromisos", de modo semejante a como se aparean los perros callejeros.

Viene a mi memoria un testimonio del psiquia-tra vienés Viktor Frankl, quien comentaba la siguiente confidencia que le hizo un estudiante estadounidense: "Tengo 22 años, estoy graduado, tengo un automóvil de lujo, soy económicamente independiente y tengo a mi disposición más sexo y prestigio del que necesito. Sin embargo, me pregunto ¿qué sentido tiene todo esto?", añadió el joven con notable desesperación.

Es preciso subrayar que la función de la sexualidad tiene la noble misión de contribuir a la propagación de la especie humana, continuar la obra del Creador y, dentro del matrimonio, formar una familia.

Cuando esta orientación natural se rompe, se ge-neran las llamadas *neurosis de sentido* que producen profundas frustraciones existenciales, como le reveló este muchacho al doctor Frankl.

No es extraño, entonces, que algunos caigan en perversiones sexuales, en el alcoholismo, en la drogadic-ción, incluso en el suicidio.

Mientras leía la entrevista a este escritor inglés, consideraba que quizá uno de los graves males de nues-tro tiempo sea la pérdida del significado de la vida, uni-da a un sentimiento de vacuidad e inutilidad.

Se dice que vivimos en una sociedad que tiende al hedonismo y al materialismo pragmático, ¿es éste un fe-nómeno nuevo, exclusivo del siglo xxi? Desde luego que no, aunque ha resurgido con fuerza desde mediados del siglo pasado hasta nuestros días.

Dentro de las corrientes filosóficas de los antiguos griegos existía una doctrina de pensamiento llamada *hedonismo*, que viene de la raíz griega: *hedoné*, es decir, "placer".

Según esta doctrina, iniciada por Arístipo de Cirene, se consideraba al placer como el único bien y al dolor como el único mal. Como consecuencia, la búsqueda y experimentación continua del placer era el único medio para conseguir la felicidad humana. En suma, lo placentero y lo útil para la persona eran considerados como los únicos y supremos bienes.

Ahora bien, dentro de este hedonismo absoluto tenía supremacía el placer más sensible e inmediato; es decir, aquél que se presenta en el instante fugitivo, ya que el goce pasado se ha terminado o destruido y en el tiempo futuro no se sabe a ciencia cierta si se volverá a experimentar con esas mismas sensaciones.

En este mismo sentido, a la hora de escoger de entre los diversos placeres, según los hedonistas, se debe elegir el más intenso. Por consiguiente, el dolor o el malestar son repulsivos y hay que evitarlos a toda costa.

Considero que en nuestra época sufrimos esa misma oleada de hedonismo, una vertiginosa escalada del erotismo, aunque tal vez con más virulencia que en la época de los griegos.

Basta con encender el televisor o mirar internet y analizar de manera somera los contenidos publicitarios, así como los argumentos de algunas telenovelas, series de televisión o películas para percatarnos de este modo imperativo de enfocar la vida; es decir, de estimular de manera continua al espectador hacia un consumismo compulsivo y con la constante presentación de imágenes placenteras como patrón que norma dichos mensajes.

Hace algún tiempo, a propósito de una reflexión que publiqué en un portal, recibí un correo electrónico de un joven que me comentaba que al mirar la televisión experimentaba con frecuencia una *intensa frustración* porque en todos los programas se hablaba de "comprar, tener, gozar, poseer, comer, beber, viajar…", además, había que hacerlo cuanto antes, ¡y él no tenía tanto dinero como para adquirir esas decenas y decenas de bienes materiales que esos medios de comunicación le mostraban! Pero, a la vez y por fortuna, se daba cuenta de que todo ese mundo estaba fincado en una felicidad engañosa, ficticia y pasajera, y entonces volvía su mirada hacia los valores permanentes y espirituales.

Es importante aclarar que el placer en sí mismo no tiene una connotación intrínsecamente perversa. Hay muchos aspectos o facetas de la vida que nos pueden brindar agradables y sanos placeres, como el trabajo cumplido, bien hecho y acabado hasta los finos detalles; la realización de determinadas metas profesionales; el amor humano bien orientado hacia el cónyuge, los hijos y demás familiares; la agradable y grata convivencia con los amigos, colegas y antiguos compañeros de estudios; el contacto con la naturaleza; el goce de las obras artísticas en un museo o en una exposición artística; practicar deportes y cultivar determinadas aficiones; disfrutar de una emocionante película o novela, lo mismo que de una sabrosa comida acompañada con una deliciosa bebida y de tantas cosas buenas que Dios nos ofrece.

Cuando se busca el placer por el placer mismo, en forma patológica y obsesiva, pretendiendo de forma ilusoria que sea permanente y no se acabe; cuando se considera el más mínimo dolor o molestia como *una tremenda tragedia* y se califica como verdadera aversión, como un absurdo inexplicable, es cuando surgen las neurosis y los trastornos emocionales. Paradójicamente, las personas hedonistas son las que terminan por sufrir más al salirse de la realidad y no aceptar la condición humana.

El psiquiatra Viktor Frankl consideró que el ser humano ha sido creado para trascender ya sea hacia algo distinto de sí mismo: hacia la persona amada y hacia sus hijos, sus familiares y nietos, o bien, tratando de ser útil al prójimo, como puede ser mediante el servicio desinteresado en una labor social y asistencial para atender las infinitas necesidades materiales y espirituales de las personas que viven en pobreza extrema, etcétera.

Sostiene además el doctor Frankl: "No me cansaré nunca de repetir: cuanta más importancia se dé al placer, más se nos escapará".

Incluso hace una comparación interesante: "Tenemos los ojos para mirar hacia afuera, para salir de nosotros y trascender. Si tenemos una enfermedad en un ojo, por ejemplo, lo que conocemos como catarata, entonces no veremos correctamente".

"La existencia humana –continúa– se distorsiona en la medida en que se repliega sobre y en sí misma." En cambio, la vida de un individuo se hace más plena cuando se olvida de sí mismo, trasciende y se preocupa por el bien de los demás.

El doctor Frankl también considera que, así como en la costa oriental de Estados Unidos se ha erigido una *Estatua de la libertad*, debería erigirse una *Estatua de la responsabilidad* en la costa occidental, porque a todo derecho –que se ejerce mediante la libertad– corresponde un deber.

En definitiva, si se ejercita la actividad sexual, debe adquirirse un serio compromiso, una responsabilidad para asumir en plenitud sus consecuencias.

En cambio, cuando a una mujer se le reduce a un mero *objeto de placer sexual*, se le *cosifica*; es decir, se elimina su enorme dignidad de ser persona humana para convertirla en una cosa, dentro de esa lógica consumista y perversa que sigue su implacable regla del *úsese y tírese*.

Así entones, cuando la noble función de la unión sexual de los cónyuges orientada hacia la procreación se visualiza dentro de un marco materialista y hedonista, se banaliza y se destruye su más trascendente misión. Permanece sólo la esfera egocéntrica, es decir, la del *yo* que se interesa en satisfacer su instinto animal y nada más. Peor aún porque el animal obedece a su instinto natural; en cambio, cuando el ser humano hace mal uso del sexo, lo envilece y se degrada a sí mismo.

Pienso que las reflexiones que el escritor inglés Daniel Davies expresa en su novela *La isla de los perros* resultan provechosas porque ponen *el dedo en la llaga* al denunciar, por una parte, a una sociedad que presume estar muy comunicada, pero donde existen muchedumbres enteras que experimentan una gran soledad.

Son individuos que buscan afanosamente el sexo, pero al no otorgarle su noble dimensión y trascendencia se propician esas modernas neurosis, manifestadas en un agudo vacío existencial y en la pérdida de la visión integral de la personalidad humana.

Capítulo 5

Para ser feliz,
¿es necesario
ser rico?

Los fines de semana, como descanso y distracción, me gusta recorrer el Centro Histórico de la capital mexicana, conocer antiguos edificios, apreciar su arquitectura, admirar sus pinturas y esculturas. También me agrada observar las costumbres de nuestro pueblo mexicano; por ejemplo, en la primera o segunda sección del Bosque de Chapultepec, la Alameda Central, la arbolada Plaza de Coyoacán, el San Ángel colonial, Xochimilco, etcétera.

Concretamente, en la Primera Sección del Bosque de Chapultepec, detrás del Museo de Arte Contemporáneo, los domingos a primera hora observo cómo oleadas de personas salen del metro y se dirigen al zoológico, a remar al lago o a subir al imponente castillo.

Hay algo que disfruto y me llama particularmente la atención de la gente sencilla y sin muchos recursos materiales: su alegría y buen humor. Nuestro pueblo es festivo por naturaleza. Es evidente que no puede hacer grandes gastos durante su paseo dominical, pero se conforma con lo poco que tiene para ser feliz.

Quizá al niño pequeño podrá comprársele un algodón; los otros niños tomarán un helado o una paleta, dependiendo de los precios a los que se vendan. La mamá y el papá cargan con las tortas –hechas en casa, con el fin de ahorrar– para la numerosa prole.

No puede faltar en la comitiva familiar la abuelita con su bastón o alguna tía entrada en años. Un nieto o sobrino mayor se ha traído, desde su casa y sobre sus hombros, una ligera silla para que la ancianita pueda sentarse en un sitio cómodo y en la *sombrita*, como solemos decir.

Me parece que nos comunican mucha sabiduría porque, a pesar de lo poco que poseen, su algarabía, risas y jocosos comentarios les brotan hasta por los poros. Disfrutan viendo los animales y hacen comentarios divertidos como éstos:

—¡Ve nomás el cuello tan largo de aquella jirafa! ¡Yo creo que se lo estiraron desde que era chiquita! –comenta uno.

—Ese changuito me recuerda a mi profesor de historia porque tiene cara de intelectual –dice otra, con chispa.

—¡Aquel camello tan viejo y desteñido parece de los tiempos de *Alí Babá y los 40 ladrones* porque lo veo más muerto que vivo y ni se mueve! –afirma, con gracia, una señora.

Después viene la hora de la comida y pacíficamente se sienta aquella gran familia debajo de un frondoso árbol. Cuentan chistes, se ríen, se escuchan carcajadas… Hasta la abuelita interviene con comentarios ingeniosos. Las tortas no serán *la octava maravilla del planeta*, pero todos disfrutan de lo lindo sus bocadillos y ese rato de grata convivencia.

Luego, algunos se van a remar al lago y nunca faltan las *ensopadas* ni las *carreritas* con las otras lanchas.

El papá, junto con algunos de sus hijos, decide subir hasta el Castillo de Chapultepec y admirar el palacio donde vivían Maximiliano y Carlota.

—¡Órale, vaya *comedorcito* que tenían: podían comer como 20 personas al mismo tiempo! –comenta el niño mayor.

—¡Miren nada más qué vista de la ciudad contemplan Maximiliano y Carlota desde este castillo! –les hace considerar el papá.

—Pues, yo prefiero mi pequeño vecindario; aquí todo es muy grandote, como que me mareo, ¿ustedes no?... Además, siento que me aburriría mucho si viviera aquí. ¿Dónde metería a mi perrito *Spider* y a mi gato *Pirrurris*? –se pregunta la menor.

Después, bajan y se divierten observando los regalos de broma y las vaciladas, pues para eso el mexicano *se pinta solo*.

—Ahora que ya se acerca el cumpleaños de tu tío Toño, voy a regalarle estos cigarros que explotan al encenderse. ¡Lo voy a *sacar* totalmente *de onda*! –comenta divertido el papá.

A medio camino, el más pequeño de los niños muestra señales de fatiga y su padre decide llevárselo en hombros.

Retornan de nuevo a donde está toda la *tribu*, junto al lago. Ya han organizado diversos juegos infantiles y se divierten en grande. Algunos juegan en una improvisada y animada cascarita de futbol.

Y así se pasan el resto del día. Cuando el sol se pone, se les observa regresar contentos a su hogar.

¿A qué vienen estas descripciones de nuestro pueblo en un paseo dominical? Porque muchas veces me pregunto: ¿cómo es posible que haya profesionistas y empresarios sumamente ricos y, sin embargo, sean tan infelices? ¿Dónde radica, entonces, la verdadera felicidad?

El admirable ejemplo que nos da nuestro pueblo tiene una profunda sabiduría y, como decía Abraham Lincoln: "La mayoría de la gente es feliz en la medida en que decide serlo".

En medio de las privaciones y limitaciones económicas, que casi nunca faltan, cuando sobrevienen los inevitables achaques y las enfermedades, o en el momento en que surgen serios descalabros económicos inesperados, se puede mantener la serenidad y la paciencia, lo cual depende de la perspectiva y del enfoque que se les concedan a esos sucesos.

Como el filósofo Séneca afirmaba: "Es feliz el que está contento con las circunstancias presentes, sean las que sean".

Con esto no pretendo decir que hay que ser conformistas o mediocres. Desde luego, hay que luchar por superarse cada día en el ámbito personal, laboral y familiar, y realizar el trabajo con la mayor perfección humana posible. También es verdad que en nuestro país hace falta mejorar el nivel de vida material y cultural de la población.

Hay una frase que me parece acertada del filósofo danés Sören Kierkegaard , quien afirmaba que "la puerta de la felicidad se abre siempre hacia afuera". Es decir, que para ser felices hay que salir de nosotros mismos y pensar en los demás, más allá de la natural tendencia que todos tenemos hacia el egoísmo.

Cuando nos entregamos al servicio de los demás; cuando nuestra alegría radica en hacer el bien al prójimo, comenzando por los propios familiares, amigos y colegas del trabajo; cuando nos alegramos con lo que la vida cotidianamente nos da, sin quejas ni lamentos estériles; cuando confiamos plenamente en Dios y en su Divina Providencia, de forma inevitable vendrá como resultado esa honda e imperturbable alegría.

Pienso que allí radica esa felicidad que he observado tanto en nuestro pueblo como en muchos otros ciudadanos de diversos países. A simple vista, esto no parece contener mayor ciencia, pero, si reflexionamos un poco más, entraña una gran sabiduría de vida: el arte de vivir felices.

Capítulo 6

El Principito
y el adecuado equilibrio
entre el trabajo
y el descanso

El reconocido literato francés Antoine de Saint-Exupéry escribió, entre otras obras memorables, *El Principito*. Daría la impresión de que originalmente fue escrita para niños, pero las reflexiones que aporta están dirigidas a un público de todas las edades.

Entre las muchas lecciones que podemos aprender de esta obra clásica se encuentra darle un correcto sentido a la existencia humana y al trabajo. Sabemos que el trabajo es fuente de realización personal y de desarrollo de nuestras capacidades y talentos. Contribuye al propio sustento, así como al de la familia y al bienestar de la sociedad, y también ha sido la base del progreso de nuestra civilización.

Sin embargo, sobre todo en nuestra época, hay personas que se dedican a su labor cotidiana en forma tan desmedida que descuidan la atención a otras responsabilidades no menos importantes. Por ello, algunos sociólogos no dudan en llamar *workaholic* a quienes tienen esta desfasada actitud de laborar y han adquirido una adicción enfermiza hacia el trabajo, como una

SI QUIERES, PUEDES SER FELIZ

compulsión incontrolable. También se le llama *profesionalitis*, como cuando algún órgano del cuerpo se inflama por enfermedad o mal funcionamiento y se le denomina pericarditis, hepatitis, apendicitis, flebitis, dermatitis, etcétera.

Podemos definir esta conducta como la de aquellas personas que durante las 24 horas del día hacen girar sus vidas en torno al trabajo, sin importarles si duermen pocas horas, si comen o lo hacen a deshoras. Tienden a no concederle importancia a sus deberes familiares y sociales; pierden la capacidad de valorar las cosas buenas y naturales que la vida nos brinda, como respirar el aire puro en medio de un bosque de pinos, cultivar las amistades, asistir a una reunión social, por sólo mencionar algunos ejemplos.

Son esos individuos que alegan no tener tiempo para nada, porque ellos en realidad sí son serios y formales y, por tanto, argumentan que son personas muy ocupadas y responsables que no dedican su tiempo a tonterías. En muchas ocasiones late en su interior un desmedido afán por amasar una considerable fortuna y en el menor tiempo posible.

Así lo relata el autor de esta obra literaria. Un niño es el protagonista que visita algunos planetas del universo y de esta manera nos presenta a diversos personajes. Recuerdo a uno que llamó especialmente mi atención. Se trataba de un hombre de edad madura que se encontraba sentado en su escritorio, sacando cuentas y sumamente concentrado en su trabajo. Se nos narra en *El Principito*:

El cuarto planeta era el de un hombre de negocios.

—Buenos días –le saludó el niño.

—Tres y dos son cinco. Cinco y siete, 12. Doce y tres, 15. Buenos días. Quince y siete, 22... ¡Uff! Esto suma quinientos millones...

—¿Quinientos millones de qué? –preguntó El Principito.

—¿Aún estás ahí? Quinientos millones de... ya no sé de qué. Yo no me divierto con tonterías. Yo soy serio... Siete y cinco... Mira, en 54 años, ésta es la tercera vez que me interrumpen... Doce y tres, 15...

—¿Qué cuentas? ¿Millones de qué...? ¿De moscas?

—De estrellas.

—¿De estrellas? ¿Y qué haces con ellas?

—Las poseo.

—¿Las posees? ¿De qué te sirven?

—Me sirven para ser rico y poder adquirir más estrellas, por si alguien las encuentra.

—¿Y cómo pueden ser tuyas?

—Porque yo lo pensé primero. Y con eso me basta. Cuando encuentras un diamante que no es de nadie, es tuyo. Así yo, como pensé primero en poseer las estrellas, entonces éstas son mías.

—¿Y qué haces con ellas?

Las pongo en mi banco. Las cuento, anoto su número y guardo el papel en mi cajón.

—No encuentro en eso nada serio. Yo poseo una flor que riego todos los días. Poseo tres volcanes que deshollino todas las semanas. Esto es útil a mi flor y a mis volcanes. Pero tú no eres útil a las estrellas...

El hombre de negocios no comprendió. Y El Principito se retiró pensando que algunas personas mayores son algo extrañas.[4]

En no pocas ocasiones nos encontramos con personas que dan la impresión de que pasan por la vida como por un largo túnel: están absortas por su quehacer cotidiano, y se olvidan de mirar a su alrededor. No conocen a fondo a los miembros de su familia ni a sus parientes; tampoco a quienes son sus subalternos en la oficina donde son directivos. No están enterados de las necesidades de sus semejantes, ni de las carencias sociales de su ciudad ni de su país, tampoco se interesan por resolverlas. Y sostienen con absoluta convicción, y es su permanente excusa para eludir cualquier otro compromiso, que *no tienen tiempo para nada.*

Podríamos decir que convierten en su dios al trabajo; el mundo comienza y termina con su quehacer cotidiano, y para ellos sólo es fundamental el dinero que han obtenido –en ese día preciso, en ese mes o en ese año– con tales o cuales transacciones y nada parece importarles fuera de esta reducida esfera.

Me viene a la memoria un histórico tren al que llamaban *bala.* Corría, por los años sesenta y setenta, desde el Distrito Federal hasta Nogales, Sonora. De veloz no tenía nada porque, además de que marchaba muy lento, con frecuencia se detenía en el camino por diversas averías en las vías ferroviarias o porque en la cocina

[4] Antoine de Saint-Exupéry, *El Principito*, México, Seprecom, 2014.

se les terminaba la comida. Entonces, el cocinero y sus ayudantes se detenían en algunos poblados para realizar a toda prisa las compras necesarias y, de esta manera, ofrecer la oportuna alimentación a los pasajeros.

Recuerdo que los viajeros en su mayoría éramos universitarios que tomábamos unos días de vacaciones con nuestras familias en nuestras respectivas ciudades de origen.

Para *matar el tiempo,* algunos estudiantes decidían irse al salón fumador y se dedicaban a jugar a las cartas o al dominó, mientras bebían cerveza. Desde luego, hacerlo por un rato era una de las tantas distracciones sanas que se podían tener a bordo del tren. Sin embargo, para muchos otros se convertía en una tendencia casi enfermiza porque dedicaban horas enteras o todo el día y hasta muy avanzada la noche a apostar en sus juegos, sin moverse de sus sitios. Al día siguiente, a primera hora de la mañana, sin haber desayunado o sin asearse lo suficiente, se encontraban de nuevo apostando, mientras miraban fijamente sus cartas o sus fichas de dominó.

Esos juegos se convertían en una pasión incontrolada y en una evasión, porque era una forma de entretenerse para olvidar esos largos trayectos, que ellos consideraban aburridos, y hasta contaban con auténtica ansiedad el número de kilómetros que les faltaban para llegar a su destino.

No les atraía leer un buen libro, admirar el bello y variado paisaje, la geografía a su alrededor o tener conversaciones con otros pasajeros, que suelen ser enriquecedoras. Sus mentes sólo giraban obsesivamente en

SI QUIERES, PUEDES SER FELIZ

torno a los juegos y al tiempo que les faltaba para arribar a su ciudad o poblado y, mientras tanto, no había más remedio que *matar el tiempo* jugando a las cartas, bebiendo, fumando o durmiendo.

A veces me daba la impresión de que esos inolvidables trenes *bala* no se detendrían en ningún lugar y continuarían en su lenta e indefinida marcha, y que aquellos embebidos pasajeros se pasarían el resto de sus vidas allí sentados, casi como estatuas de piedra, simplemente *matando el tiempo*.

Algo así me parece que ocurre con las personas que colocan a su trabajo como un fin absoluto y se pierden toda la maravilla de experiencias que pueden tener en su entorno, en su mundo circundante.

Como decía el poeta de Castilla Antonio Machado:

Son […] gentes que viven,
laboran, pasan y sueñan,
y un día como tantos,
descansan bajo la tierra.[5]

¡A muchos se les escapa la vida como por un largo y oscuro túnel, sin aprender a vivirla!

Nunca llegan a plantearse interrogantes fundamentales sobre el sentido trascendente de su vida, como: ¿quién soy?, ¿de dónde vengo?, ¿hacia dónde voy?, ¿qué sentido tiene mi vida?, ¿por qué debo realizar mi trabajo con un enfoque profesional, bien acabado?, ¿cuáles son

---

[5] Antonio Machado, *Soledades II,* Madrid, Espasa Calpe, 1975.

los deberes que tengo con mi cónyuge y mis hijos, con la sociedad o con mi patria?

Son personas que no están acostumbradas a reflexionar ni a meditar sobre estos temas vitales; simplemente viven, vegetan como las plantas hasta que se secan.

Nunca se sabe dónde tienen puesto su corazón esos ricos señores de empresa ni dónde se encuentra el eje de sus motivaciones, hasta que el día menos esperado fallecen y sus familiares descubren –con pena y dolor– que todos sus afectos los tenían puestos en sí mismos porque ni siquiera se tomaron la molestia de dejar un testamento, ¡tal vez porque pensaban que vivirían en esta Tierra para siempre!

Dentro de un camino radicalmente opuesto, encontramos a miles de personas que dan la impresión de pensar que todo en la vida es como una broma, un conjunto de conductas frívolas, un largo serial de chistes e interminables carcajadas huecas.

¿A qué me refiero? Con la revolución cibernética han aparecido infinidad de modos de entretenerse y divertirse. Hay que reconocer, ante todo, que muchas de estas novedosas aportaciones son francamente útiles, didácticas y formativas, pues de ordinario sirven para cursar estudios en línea (como la universidad a distancia, *online)* y para unir más a los miembros de la familia, por ejemplo, a través de Skype y otros medios similares. No obstante, en muchas otras ocasiones, hay que reconocerlo de forma abierta, esos entretenimientos han pasado a convertirse, más que en una afición, en un vicio o adicción incontrolable, y a esas personas les *roban* infinidad de horas en perjuicio de su tiempo que deberían dedicar al estudio y al trabajo, incluso a costa de su sueño y descanso.

Es como si vivieran inmersos en *un mundo de ficción*, pero la realidad no es así. Hay aspectos serios de nuestra vida que hay que atender a conciencia, aprovechando intensamente el tiempo en medio de una lucha sostenida, con esfuerzo diario y una responsabilidad personal por sacar adelante el trabajo y dejar buenas obras, porque el tiempo de que disponemos es escaso. Como con cierto afirmaba san Agustín de Hipona: "Nadie lo hará por ti tan bien como tú si tú no lo haces".

La sabiduría de la vida consiste, en definitiva, en saber combinar con equilibrio el trabajo y el estudio con todos esos entretenimientos digitales, diversiones, deportes y sanos esparcimientos, para cumplir con nuestros deberes de estado: profesionales, familiares, sociales y religiosos, y jamás perder de vista el para qué, es decir, el fin último de todo lo que realizamos para cuando concluya nuestro transcurrir por esta Tierra, de manera que logremos un desarrollo armónico en todas las facetas que integran nuestra existencia.

Capítulo 7

Las diversiones
y las neurosis
del fin de semana

¿Qué ocurre con el *happy weekend*?

Es frecuente, por desgracia, escuchar noticias relativas a
que varios jóvenes o adultos se accidentaron el fin de semana en un automóvil; que un par de ellos murió en la
colisión y otros quedaron con heridas graves o daños físi-
cos irreversibles, y que la causa fundamental fue el exceso
de alcohol, en ocasiones mezclado con alguna droga.

     Vivo cerca de una subdelegación de policía y trán-
sito. Es lamentable observar cada semana, cómo auto-
móviles costosos y de modelos recientes son conver-
tidos en chatarra inservible, estacionados en las calles
aledañas a esas dependencias. Por el estado en que están esos vehículos, no es tarea complicada deducir que
los que viajaban en ellos difícilmente sobrevivieron al
encontronazo o resultaron heridos de gravedad.

     Un pensamiento que viene siempre a mi cabeza
–además de rezar por esos accidentados o fallecidos– es
éste: ¿qué concepto tienen o tenían estos jóvenes de la
diversión, de una fiesta o de una reunión social? Porque

lo más seguro es que, si pudieran racionalizar su conducta y previeran las trágicas consecuencias futuras, sin duda cambiarían de actitud.

El psiquiatra Viktor Frankl, en su libro *Psicoanálisis y existencialismo,*[6] analiza estos comportamientos. Él comenta que muchas veces este fenómeno ocurre en personas que pierden el fin último de su vida y que su existencia carece de dimensión profunda.

Se mueven sólo en las coordenadas del éxito o del fracaso, y gran número de individuos de nuestro tiempo se encuentra dominado por la irresponsabilidad, la apatía o el aburrimiento, dentro de un estado de frustración existencial.

Tales personas, con esa falta de sentido que tiene la vida misma, intentan llenar su vacío interior con hiperactividad y mediante la trepidación incesante que las aparta más de lo que realmente necesitan: paz interior.

Con estas premisas, confunden el fin con el medio; es decir, le otorgan a la diversión una cualidad de evasión total de la realidad. Puede ser incluso meritorio el hecho de que trabajen o estudien con ahínco de lunes a viernes, pero al llegar el fin de semana caen en un comportamiento que raya en lo patológico, en una obsesiva y frenética búsqueda de lo lúdico.

Dicho en otras palabras, este modo de enfocar el trabajo hasta aturdirse y realizarlo de manera compulsiva, porque produce placer, se convierte en una especie de embriaguez por la propia intensidad laboral.

---

[6] Viktor Frankl, *Psicoanálisis y existencialismo,* México, FCE, 1990.

Entonces el fin de semana, para liberarse del cansancio, buscan una alienación para olvidarse de todo. Es lo que Frankl llama *la neurosis del fin de semana* en la que todo se vale (alcohol, drogas, sexo, etcétera) con tal de conseguir diversión y despejar la mente. La verdad es que, con semejantes excesos, el retorno a la actividad normal suele ser traumático.

Otras veces, algunas personas sufren la llamada *neurosis dominical.* Es decir, como durante los días laborales no piensan en otra cosa que no sea su actividad profesional, al llegar la tarde del domingo sienten una especie de horror al vacío porque tienen un tiempo libre que los obliga a enfrentarse con su propio yo, y resulta que no se conocen a sí mismos y les aterra esa soledad.

Se percatan de que experimentan una vida *epidérmica* y superficial, y acaban por sumergirse en un estado de tristeza o depresión. Fácilmente acuden de nuevo al alcohol para salir de esa sensación, aunque al día siguiente paguen caro sus excesos.

También comenta este psiquiatra: "Van a refugiarse en un estado de embriaguez cualquiera". Parecen manifestar con su conducta que lo importante es no pensar ni un minuto en enfrentarse consigo mismos porque eso los angustia o les produce desazón.

Lo que sugiere Frankl a estas personas es que le den a su vida un sentido trascendente, como remedio psicoterapéutico a sus neurosis, que denomina *logoterapia.*

Pienso que cuando se presentan estos trastornos en la conducta es necesario retomar los verdaderos valores del hombre, por ejemplo:

1. Si se trabaja, no ejecutar la labor como un fin en sí mismo, sino como un medio de autorrealización personal, familiar y social. Es importante incluir virtudes como la prudencia para medir las propias fuerzas físicas y llevarlo a cabo de modo gradual. Como se dice coloquialmente: *no pretender comerse el mundo a puños* porque ese modo de enfrentar la actividad diaria pasa luego una factura muy alta, por ejemplo, quebrantando seriamente la salud.

2. Los que somos creyentes, el fin de semana podemos darle un lugar importante a Dios. El diálogo con Dios, mediante una pacífica meditación, otorga un sentido pleno al alma porque estamos creados con un cuerpo y un espíritu; "hechos a imagen y semejanza de Dios".[7] Los domingos –domingo viene de su raíz latina *dominus*, o sea, "el día dedicado al Señor"–cumplir con nuestra prioritaria obligación de honrarlo y adorarlo ayuda mucho a nuestro crecimiento espiritual.

3. También es una ocasión espléndida para atender mejor al cónyuge y conversar con los hijos. Muchas veces, por las considerables distancias entre la casa y el trabajo, durante la semana resulta complicado convivir con intimidad. ¡No hay que desaprovechar esas oportunidades que nos ofrece el fin de semana! Son días en los que podemos brindar atenciones a la familia y una educación de mayor calidad a los hijos.

[7] *Génesis* 1:26-27.

4. De igual manera, es tiempo para cultivar las amistades y las relaciones sociales, pero bebiendo con moderación, como tanto se insiste en la publicidad, con el objeto de evitar accidentes automovilísticos.

5. Del mismo modo, cuánto ayuda en la conformación de la propia personalidad pensar en los demás: nunca falta un familiar, amigo o un anciano enfermo, solo y poco visitado. Todos ellos, sin duda, mucho agradecerían nuestra visita y compañía.

6. Por último, pienso en el desarrollo cultural: visitar museos o exposiciones pictóricas, dar un paseo recreativo y formativo con la familia, la práctica de los deportes, la lectura de buenos libros (por ejemplo, las obras clásicas de la literatura universal o de nuestra especialidad profesional), escuchar música selecta que nos enriquezca como personas, etcétera.

Todo ello puede contribuir a darle un sentido más pleno a nuestra vida, a saber encuadrar bien el trabajo y la diversión –ambos en sus justas dimensiones– como elementos que se complementan y proporcionan un enfoque más enriquecedor a esos fines de semana.

¿Y qué acontece en las fiestas y en los antros?

En una reveladora información de la agencia española *Aceprensa*, cuyo trabajo de investigación corrió a cargo de los periodistas Carlos Goñi y Pilar Guembe,[8] se analizó la conducta psicosocial de algunos jóvenes y adultos en la península ibérica.

Se llegó a la conclusión de que más de 80% de los jóvenes madrileños de entre 15 y 24 años de edad centra su tiempo de ocio en el vagabundeo nocturno. Los adolescentes afirman que les compensa salir toda la noche, no obstante la infinidad de riesgos que corren, como embriaguez, drogadicción, peleas, asaltos, robos, relaciones sexuales irresponsables, etcétera, según datos proporcionados por la Fundación de Ayuda contra la Drogadicción (FAD).

A los adolescentes les cautiva la *marcha* nocturna porque creen encontrar ahí la libertad recién descubierta y la quieren estrenar a toda costa. La noche les permite bailar, beber, desinhibirse, probar nuevas experiencias, ser otros durante unas horas, relacionarse sin poner en juego nada más que la epidermis.

El ocio nocturno se resuelve generalmente en una discoteca o un disco bar (en México, en un antro). Estos locales están hechos para enmarañar los sentidos

---

[8] Carlos Goñi y Pilar Guembe, "La noche, los antros y los jóvenes actuales" en *Aceprensa*, servicio núm. 9, Madrid, 4 de marzo de 2010.

y adormecer la razón y, así, dejar a los chicos y chicas al vaivén de los instintos. Hay que añadir que muchos adultos se unen también a esta forma de divertirse. Las luces relampagueantes anulan la vista; la música estridente, el oído; el alcohol, el gusto y el habla; el ambiente cargado, el olfato, y la aglomeración de cuerpos, el tacto.

El desbarajuste de los sentidos obnubila la razón; la comunicación se hace imposible, se habla a gritos (o mediante la pantalla del celular), y el contacto físico sustituye a las palabras: en una pista de baile hay poco que decir.

En forma paralela, hay una especie de sublimación del fin de semana. La visión del estudio o del trabajo en los días hábiles se visualiza aburrida y monótona; en cambio, la diversión del *weekend* se contempla como la escapatoria o la forma de huir de una realidad que algunas veces es considerada insoportable y sin sentido.

Algún joven ha llegado a confesar a un psiquiatra: "Yo no soy *yo* entre semana; realmente soy *yo mismo* de viernes a domingo". Entonces, la fiesta se convierte en un terreno propicio para la experimentación, donde *todo está permitido* con tal de pasarla bien. La noche es el instrumento esencial en la búsqueda de una identidad personal y grupal.

Como es lógico, a un buen número de adolescentes llega a hastiarles este estilo de vida en poco tiempo. Sin embargo, están en una especie de callejón sin salida y, por la presión de las mismas amistades, retornan una y otra vez a ese modo de comportarse.

Esto ha llevado a que los padres de familia y autoridades civiles se planteen ofrecerles alternativas de vida, por ejemplo, la práctica de competencias deportivas nocturnas; reunirse con los amigos en sus casas y dentro de un ambiente sano, para entretenerse en grupo con algunos videojuegos; escuchar música en lugares seguros; ver películas en entornos adecuados; ir al cine o al teatro; darle un sentido positivo a los estudios; organizar clubes de debate o aficionarse a las lecturas formativas.

También se les ayuda a despertar el sentido crítico ante una sociedad materialista y hedonista. Se les anima a estar alertas contra todas esas campañas publicitarias de una civilización que empuja a un consumismo compulsivo e irracional; por ejemplo, en lo relativo a la ingesta desmedida de alcohol.

Se les orienta, de igual forma, sobre el hecho de que las aventuras nocturnas conllevan muchos riesgos y peligros. Lo que comienza en una agradable diversión puede terminar en una desagradable borrachera, una sobredosis de drogas o una relación sexual frívola.

En suma, divertirse no equivale a *tirarse por un precipicio con los ojos cerrados* o *saltarse los límites* porque, aunque todo tenga un entorno festivo, las conductas irresponsables pueden tener consecuencias nefastas.

Por otra parte, los antros no son el lugar idóneo para conocer personas.

Allí dentro no es posible el diálogo, que es la condición que hace posible conocer al otro. Podrás decir que has conocido a mucha gente, pero no podrás asegurar que son tus amigos. Deja de frecuentar aquel lugar y verás cómo toda esa gente que conoces desaparece de tu vista.

Es decir, aquellos otros adolescentes o adultos no eran en realidad verdaderos amigos sino simplemente compañeros de juerga o de parranda. Se acaba el reventón y en automático se terminan esos supuestos *amigos*.

Me parece que los padres de familia, lejos de sentirse desalentados o de rendirse ante esta situación social de la juventud en los fines de semana, deben tomar la iniciativa y presentarles alternativas accesibles, divertidas, como las anteriormente mencionadas. Para ello se requiere cultivar una gran amistad y confianza con sus hijos adolescentes, entre otras cosas, para que no se sientan marginados si no asisten a los antros.

Recientemente me comentaba un padre de familia que él y su esposa han tomado la decisión de ofrecer su casa, para que allí se organicen las fiestas y reuniones de sus hijos con sus amistades, y que ha sido una magnífica experiencia porque eso ha garantizado un ambiente sano en el que los chicos beben con moderación, bailan, cantan, platican y se conocen mutuamente; a la vez descubren que pueden divertirse mucho sin estar esclavizados a la excesiva ingesta de alcohol o drogas. Al mismo tiempo, ante la autoridad paterna los mismos adolescentes aprenden a medir los límites; es decir, se les ayuda a ejercer su libertad con responsabilidad.

Todo ello contribuye a que los jóvenes realmente se conozcan y se traten y, como es natural, de esas reuniones surgen noviazgos y, más tarde, matrimonios estables.

En definitiva, las diversiones del fin de semana, tanto para los jóvenes como para los adultos, en vez de que impliquen los riesgos ya mencionados, pueden tener un sentido más positivo en la conformación de la propia personalidad para alcanzar la madurez. No cabe duda de que también durante el descanso, como en tantos otros momentos, hay que saber gozar la vida y aprender a divertirse de manera sana.

Capítulo 8

La aceptación
de la realidad

Las cosas son como son
y no como nos gustaría que fueran

Un punto de partida que me parece básico es aprender a aceptar nuestra realidad y nuestro entorno.

Esto tiene los siguientes enfoques fundamentales:

Aceptarme a mí mismo tal y como soy: con mis cualidades y virtudes, pero también con mis defectos y limitaciones. Muchas crisis se generan cuando no se tiene una visión objetiva de la propia condición humana.

No es raro encontrarse con jóvenes que, por ejemplo, aseguran que cuando sean mayores van a ser embajadores en países del primer mundo o políticos de relieve nacional, premios Nobel o uno de los científicos o empresarios más destacados del país.

Es verdad que es bueno tener grandes ideales y aspiraciones en la vida, pero también es necesario

SI QUIERES, PUEDES SER FELIZ

que haya mesura y realismo en esos planteamientos. De lo contrario, al no obtener esos ambiciosos resultados, en poco tiempo sobrevienen dolorosas frustraciones y una sensación de fracaso vital.

También suele acontecer que algunas personas mayores viven con amargura y cierta desazón porque no se resignan a aceptar las limitaciones propias de la vejez.[9]

Aceptar a los demás como son. Por ejemplo, si un joven con pocos años de casado espera que su esposa y sus hijos sean casi *perfectos* porque les señala sus errores y los corrige sin cesar, se impacienta porque espera resultados inmediatos y tiene explosiones de carácter, inevitablemente se topará con el muro infranqueable de la condición humana porque las personas no cambian ni mejoran *de la noche a la mañana.* Por el contrario, debe aprender que los cambios en las personas requieren bastante tiempo y paciencia, como la tienen los hortelanos o los agricultores cuando esperan con serenidad los frutos de su siembra.

Aceptar las circunstancias que nos rodean. Por ejemplo, en la actividad profesional, si el país se encuentra sumergido en una aguda crisis económica, resulta iluso o ingenuo pensar que será fácil acumular una considerable fortuna en poco tiempo o que vendrán importantes oportunidades laborales,

---

[9] Romano Guardini, *La aceptación de sí mismo. Las edades de la vida,* México, Librería Parroquial, 1964.

cuando la realidad socioeconómica es que existe un marcado desempleo, una galopante inflación y sueldos bajos, a menos que ocurra un inesperado golpe de suerte.

Los errores más frecuentes en la percepción de la realidad

Hagamos un análisis más detallado de las llamadas *distorsiones mentales* o modos equivocados de percibir la realidad.[10] Estos apartados tratan de un mismo trastorno psicológico, pero visto desde diversos ángulos o matices.

El binomio *o todo o nada*

Consiste en una dicotomía o manía de enfocar siempre la realidad bajo dos polos opuestos y completamente extremos.

Cito un par de ejemplos: aquél universitario que dice: "O en seis meses soy el estudiante más destacado de mi clase o me consideraré un fracasado", o aquel otro que sostiene: "O este año seré el mejor vendedor en mi empresa o no tendré ningún prestigio profesional y entonces me convenceré de que soy un don nadie".

Es importante considerar que cuando este tipo de trastornos emocionales son frecuentes y acentuados

---

[10] David Burns, *Sentirse bien*, México, Paidós, 1991, pp. 46-56.

requieren atención psiquiátrica con psicoterapia y medicamentos apropiados.

Cuando expongo estas situaciones aclaro que me refiero a personas comunes y normales, que tal vez experimenten alguno de estos síntomas y les perturbe un poco su ánimo o les produzca cierta sensación de infelicidad pasajera. Por ello, algunas de las sugerencias que presento son de sentido común, mientras que para otras me he apoyado en las recomendaciones del psiquiatra David Burns.

Sobre la redacción de estos ejemplos y los de los capítulos siguientes, señalo que he querido plasmarlos en forma dramatizada para que resulten más claros y didácticos para los lectores.

Si analizamos a ciertas personas que manifiestan desazón, resentimiento o desaliento y escarbamos un poco, nos encontramos con una conducta interna de enorme rigidez pues consideran que las cosas son *o blancas o negras*, ya que para ellos no existen los términos intermedios. Son individuos que sin duda sufren y se castigan a sí mismos debido a estas impresiones deformadas de su desempeño en la vida.

En cierta ocasión me decía un conocido: "Yo me concibo en un par de años trabajando en esta empresa en un alto puesto directivo. Es más, si no llego a ser el director general dentro de unos cinco años, entonces me consideraré un mediocre y no me lo perdonaré".

Lo animé a que se desempeñara en su trabajo lo mejor posible, con eficacia, pero también le hice ver que era absurdo que su felicidad dependiera de llegar a ser director o no, y que en la vida había una multitud de factores que no dependían de él ni estaba en sus manos poder controlarlos. Además, lo hice considerar que lo habitual es que, con el transcurso del tiempo, se presenten muchas otras oportunidades interesantes, incluso mejores que las que él mismo se había trazado en un inicio.

Este conocido que menciono nunca llegó a ser el director general de aquella empresa, sin embargo, tiempo después entró a trabajar a otra compañía; le ha ido razonablemente bien y está contento consigo mismo, pero ya con una actitud más realista y *habiendo desinflado ese globo monumental* que en su mente juvenil, ingenua e inexperta se había proyectado de sí mismo, cuando *soñaba despierto* sobre su futuro.

En este binomio suelen generarse personalidades *perfeccionistas* como, por ejemplo, sucede con algunas amas de casa que pretenden que su hogar esté radiante, limpio y se inquietan ante la menor suciedad en las ropas de sus hijos o cualquier rastro de polvo en los pisos o en los muebles de la sala.

Conozco a una señora viuda, ya mayor, que vive de la pensión que le dejó su marido. Podría pasar una existencia tranquila con sus hijos y nietos. Sin embargo, cuando la llamo por teléfono para saludarla y preguntarle cómo se encuentra o cómo ha estado, de forma invariable me contesta:

—¡Estoy agotada! ¡No paro de hacer cosas! El lunes vino el jardinero y lo atendí; el martes lavé unos tapetes y unas sábanas; ayer limpié los vidrios de la fachada de la casa; hoy puse en orden el librero y el armario… ¡Necesito unos días de descanso porque estoy exhausta!

Sin duda, es admirable el modo como aprovecha el tiempo y labora con intensidad durante toda la semana, pero esa manera de enfocar la realidad ("Mi casa debe estar radiante como una tacita de plata", suele decir) y trabajar de forma compulsiva, cuando resulta que vive sola y ya pasa de los 70 años, la conduce lógicamente a sentir agobio y cansancio físico y mental.

O aquel periodista que no se perdonaba a sí mismo si al redactar una noticia o escribir un reportaje se le deslizaba algún pequeño error ortográfico. Al día siguiente, al ver su desacierto publicado en el diario, se disgustaba y se recriminaba acremente:

—¡¿Cómo es posible que cometa estos errores tan elementales con décadas de experiencia en el mismo oficio?!

A los que padecen del peligroso binomio *o todo o nada* y *blanco o negro*, hay que insistirles que también existen los colores grises –con infinita variedad de matices– y que lo importante no es la obtención de sonados e inmediatos éxitos, sino saber gozar del trabajo y procurar que esté bien hecho, pero sin perder nunca la paz.

También es importante aprender a disfrutar todo lo bueno que nos da la vida misma, sin agobios ni tensiones, permitirnos *el lujo* –algunas veces– de cometer equivocaciones y saber rectificar, pero sin dramatizarlas.

La generalización excesiva

Creo que todos hemos sido testigos de escenas como la siguiente:

En el trabajo o en la universidad nos comenta algún colega cuando llega a una reunión muy agitado:

—¡Para variar llegué tarde! Me pregunto por qué siempre escojo las avenidas donde hay más tránsito. Yo tengo la culpa por no escuchar en la radio el reporte vial ni mirar con calma el direccionador cibernético de rutas para elegir el mejor camino.

Cuando los demás le comentamos al afligido conductor que había una importante manifestación, que muchas calles estaban atestadas de coches y que casi todos llegamos con retraso, en vez de sentir cierto alivio, remata con esta frase:

—¡Ah, entonces ustedes tienen tan mala suerte como yo! –y continúa malhumorado.

También recuerdo a mi sobrino, estudiante de medicina, alto, bien parecido, que cuando invitaba a una fiesta a una joven que le atraía y ella se disculpaba por cualquier motivo sin importancia, llegaba siempre a esta conclusión:

—¡A mí no hay quien me haga el menor caso! A lo mejor es porque estoy pasado de peso y no visto con buena ropa –y sacaba una conclusión disparatada–: ¡Hasta me parece que la última vez que la vi, internamente se burló de mí por mi facha y por lo *gordo* que estoy!

Sus padres, que le tenían mucha comprensión y cariño, le daban suficiente dinero para que se comprara mejores trajes, fuera a un gimnasio, se pusiera a dieta, usara un mejor coche, adquiriera lociones finas, etcétera.

Sin embargo, cuando volvía a invitar a una chica a una reunión social y ella se excusaba por encontrarse enferma, volvía a concluir:

—¡No tengo remedio, no hay quien se fije en mí! ¡Nunca voy a poder casarme!

Sin duda, todos podemos padecer las travesuras que suele jugarnos la imaginación, porque si la dejamos suelta y descontrolada, llega pronto a una serie de conclusiones carentes de objetividad.

Por eso, me parece que en nuestros juicios debemos evitar adverbios tales como *siempre*, *nunca* y *jamás*, porque suelen conducir a *callejones sin salida*, casi siempre equivocados.

La mejor actitud es aprender a reírse de uno mismo ante esas locas fantasías y *desarmar* estas invenciones con frases como:

- "¡Sí, sí, sin duda soy el peor conductor que existe en esta gigantesca ciudad!"
- "¡No cabe duda de que no tengo ninguna cualidad, y soy el hombre más feo y antipático del mundo, por eso no conseguí salir a cenar con esta jovencita!"

Con este tipo de aseveraciones damos un golpe firme y certero a todo ese mundo imaginario, y volvemos a mirar las situaciones con más realismo y con más sensatez.

El uso de *lentes oscuros*

Considero que la mayoría se ha topado con personas que tienen la tendencia a darle una excesiva importancia a los detalles negativos o pesimistas. Suelen utilizar una especie de *filtro mental* mediante el cual transforman lo positivo en algo amargo, ácido o cáustico. Si, por ejemplo, paseamos con un amigo por el parque y comentamos:

—¿Te has fijado qué día tan espléndido tenemos hoy? Un cielo azul intenso, un sol radiante porque llega la primavera. Los árboles reverdecen, se escucha el canto de los pájaros…

Y en fracción de segundos responde nuestro interlocutor:

—Sí, pero ¿no te has fijado en aquellas nubes negras del poniente? De seguro caerá al rato un chubasco. Como te descuides, vamos a empaparnos y, de paso, a resfriarnos porque no trajimos paraguas. ¡Por si fuera poco, seguro que en nuestro camino de regreso en coche habrá un tránsito de los mil demonios en las avenidas!

Algo frecuente ocurre con los que se toman demasiado en serio el enfoque sensacionalista de algunos noticieros de ciertos medios de comunicación. Después de ingerir un rato de esas dosis de información alarmista, concluyen:

—¡El mundo está cada día peor: guerras, violencia, muerte, asesinatos, robos, secuestros, injusticias…!

Y no faltan quienes expresan conclusiones apocalípticas:

—¡Estoy convencido de que el fin del mundo está cerca, muy cerca, y de que todos moriremos sin remedio!

Un antiguo compañero de estudios me comentaba esto. Como nos teníamos confianza, la verdad es que no me resistí a *tomarle un poco el pelo* y le respondí:

—Bueno, es un hecho innegable que tú y yo algún día vamos a morir. Ahora bien, de eso a que pronto, muy pronto se vaya a acabar el mundo, ¿no te parece que podríamos dejárselo a un guionista de Hollywood para que filme una de esas películas taquilleras de gran emoción y suspenso? –y añadí–: Mejor te invito a tomar un buen café para recordar tantas anécdotas divertidas que nos ocurrieron cuando estudiábamos en la preparatoria.

—Tienes razón –me comentó–, lo que sucede es que a veces, no sé por qué, me pongo bastante trágico y hasta insomnios me sobrevienen durante la noche.

La recomendación es evitar a toda costa esos autodestructivos *filtros mentales,* retirar esos *lentes oscuros* de nuestros ojos, y ponernos *lentes transparentes* para observar la realidad con objetividad, con claridad y en su justa dimensión. Mejor aún, como dicen los ingleses, acostumbrémonos a mirar *el lado más luminoso de la nube.*

Descalificar lo positivo

Consiste en esa extraña habilidad que tienen algunos para transformar, de forma automática, lo positivo o neutro en negativo y, por supuesto, para ignorar todo lo bueno y positivo que les ocurre.

En las actividades deportivas, por ejemplo, es algo que sucede con relativa frecuencia.

A veces, en medio de un animado partido de futbol entre compañeros de clase, cuando alguien mete un buen gol y sus colegas de equipo lo felicitan con gozo, le dicen frases como: "¡Eres un campeón, metiste un *golazo* desde fuera del área!"

No falta entonces que el autor del gol sea el típico pesimista que se adelanta a comentar, casi a modo de disculpa:

—Fue un *churro*, una casualidad, un mero golpe de suerte porque lo normal es que sea bastante torpe con el balón.

En el trabajo también sucede esto con algunos profesionistas que tienen logros en su desempeño laboral. Si alguien les comenta:

—¡Oye, enhorabuena por el ascenso que te dieron esta semana! Te lo mereces por tu esfuerzo y dedicación después de tantos años.

—No, lo que en realidad sucede –responde cariacontecido– es que no supieron de quién *echar mano* y no les quedó más remedio que escogerme, pero no creo dar el ancho ni tener la suficiente capacidad, así que lo más seguro es que me destituyan en poco tiempo.

Tengo un amigo que solía tener una actitud similar y, para que recuperara la objetividad, recuerdo que su padre –un hombre recto y piadoso– bromeaba con él y le decía:

—Ya vas a empezar con tu papel de *víctima*. Como dicen ustedes los jóvenes: *no te tires al suelo que hay muchos vidrios.* Si te dan un aumento de sueldo o una promoción en el trabajo, acéptalos con agradecimiento. No te compliques con temores infundados. Disfruta tu logro, ofréceselo a Dios, ¡y ya está!

La lectura subjetiva del pensamiento

Este defecto parte del principio infundado de que los demás desprecian o subestiman la labor que una persona realiza. El interesado está tan persuadido de ello que ni siquiera se toma la molestia de comprobar si es verdad o no.

Me comentaba un catedrático que, al dar clases en una conocida universidad con frecuecia le sucedía que cuando alguno de sus alumnos bostezaba y algún otro miraba hacia la ventana para observar quiénes pasaban por el pasillo, de inmediato se precipitaba a sacar esta conclusión:

—¡Mi clase debe ser soberanamente aburrida porque ni caso me hacen!

Cabe aclarar que se trataba de un profesor que me consta que preparaba sus clases a conciencia; tenía estudios de posgrado y se esforzaba por leer la bibliografía actualizada para hacer más amenas sus clases. Por si fuera poco, solía contar divertidos chistes con su característico humor norteño.

Yo sabía que gozaba de bastante prestigio entre el alumnado; sin embargo, le atenazaba la idea de que era monótono y provocaba somnolencia con sus supuestas disertaciones áridas, cuando la verdad era que, de sus 30 alumnos, un par de ellos se distraían por unos instantes, como es lo más habitual que ocurra en las clases que imparte cualquier profesor dentro de una institución educativa.

¡Piensa mal y te equivocarás!

Hay un viejo adagio –con el que no estoy de acuerdo– que dice acerca del actuar del prójimo: *piensa mal y acertarás*.

En el rodar de la vida a veces nos encontramos con personas que tienden a sacar conclusiones equivocadas hasta en los más pequeños detalles, lo cual las lleva a sufrir sin ser necesario y a ser complicadas de mente.

Por ejemplo, si unos cónyuges tratan de localizar por teléfono a una pareja de amigos para invitarla a cenar a su casa, le dejan varios recados y aquélla no se reporta, concluyen con facilidad:

—Lo que pasa es que ya no les interesa tener ninguna amistad con nosotros. Son unos desconsiderados, sobre todo ahora que han subido de posición social. Si insistimos en llamarlos, pensarán que somos unos pesados, que los estamos fastidiando. ¡Vamos a dejarlos por la paz!

A los pocos días tienen que cambiar de opinión, cuando se enteran de que uno de los cónyuges que buscaban experimentó una situación delicada.

Después el marido, quien escuchó los recados dejados en el buzón de su teléfono celular, se reporta con este matrimonio y le explica la situación:

—Una disculpa por no contactarme de inmediato con ustedes. Resulta que mi esposa Marcela se puso muy mal por una apendicitis aguda, hubo que internarla de emergencia y la operaron. Ya se imaginarán el susto y la preocupación de toda la familia porque, en el momento menos pensado, comenzó a padecer unos dolores intensos. Como comprenderán, ¡no tuvimos ni cabeza ni tiempo para llamarles! Pero ¿cuándo pueden venir a la casa para cenar? ¡Hace tiempo que no nos reunimos!

O aquel ejecutivo de una empresa que, después de realizar varias gestiones, llega a última hora de la tarde a su oficina y su secretaria le comenta:

—Lo estuvo buscando varias veces el director general. Al final me avisó que saldría a una reunión, pero dejó dicho que, por favor, lo llamara mañana temprano.

De inmediato, el profesionista se siente turbado y se pregunta: "¿Qué error habré cometido? ¿Por qué querrá verme? De seguro me equivoqué en algo y va a llamarme la atención".

Se va a su casa y esa noche casi ni duerme. Por su imaginación surcan los peores augurios. Al día siguiente, desvelado, se levanta con la siguiente conclusión: "¡Estoy seguro de que va a despedirme de la empresa! El otro día que me lo encontré en el elevador se me quedó viendo muy serio y luego agachó la vista, ¡de seguro algo se trae entre manos!"

Así que llega temprano a su oficina y pide cita cuanto antes con el director general, con la misma actitud de quien está convencido de que va a pasar por la guillotina y desea acortar lo más posible su angustiosa espera. Entonces entra con cara de aflicción al despacho y el jefe le dice con amabilidad:

—Licenciado Alvarado, en la convención que asistí este fin de semana en Cancún me regalaron varios libros. Se los entrego porque me parece que pueden ser de utilidad para su área de Recursos Humanos.

—¡Ah, muchas gracias! –responde sorprendido el ejecutivo.

Sale de la oficina y, mientras camina por el pasillo, hace una profunda exhalación de alivio, como si se quitara un enorme peso de sus hombros, y piensa: "¡Al menos por esta vez me salvé: no me despidieron! ¡¿Pero qué ocurrirá la próxima vez me mande llamar…?!"

Colocarse los *binoculares al revés*

Consiste en esa frecuente tendencia a agigantar los defectos y minimizar las cualidades que una persona tiene. A menudo esta conducta provoca inseguridad, excesivos temores y pérdida de la alegría.

Por ejemplo, cuando un profesionista comenta:

—Mi jefe me pidió un reporte de las ventas realizadas en el año y una detallada descripción de los planes de acción para el año entrante. Varios compañeros y yo formamos un equipo de trabajo. Después de dos semanas entregamos un estudio de 80 páginas, pero anoche desperté sobresaltado y caí en la cuenta de que nos faltó agregar una gráfica –y añade conmocionado–: ¡¿Cómo pudimos cometer un error tan grave?! Tal como están las cosas en el país, hasta podría perder mi trabajo y mi prestigio quedaría por los suelos.

Al día siguiente de la presentación del trabajo, el director felicita efusivamente a todo el equipo por el importante y minucioso trabajo de investigación y por la excelente presentación.

Sin embargo, nuestro personaje no acusa recibo del elogio ni se tranquiliza, sino que se mantiene preocupado y piensa: "¡Que no vea la página 38, donde faltó la gráfica, porque *se nos va a caer el teatrito!*"

Quizá este tipo de conductas son similares a colocarse los binoculares al revés. Estas personas perciben con lentes de aumento hasta los más mínimos defectos o fallas y los agigantan. En cambio, los éxitos y aciertos los descalifican, sin concederles importancia.

Esto produce un desasosiego interior que ni el más poderoso tranquilizante logra calmar o hacer olvidar tantas fallas y equivocaciones que una persona normal suele cometer a lo largo de toda su existencia.

El raciocinio emocional

Se trata de las típicas trampas de los estados emocionales pasajeros, cuando se reflexiona sólo con las pasiones.

Cuántas veces hemos escuchado a un conocido en el trabajo que nos dice:

—Me *siento* incapaz de cumplir con este nuevo encargo que me dieron; por tanto, sé que nunca voy a realizarlo bien.

O una ama de casa que externa dramáticamente su inquietud:

Soy una mala madre porque *siento* que no educo bien a mis hijos. No van del todo bien en sus calificaciones ni me obedecen a la primera indicación que les doy. *¡Me parece* que he fracasado en mis deberes maternos!

O el joven que va a arreglar un desperfecto material de su casa y de antemano se da por derrotado:

—Siempre he tenido la *impresión* de que soy muy torpe con las manos. *Creo* que con el desarmador no voy a tener la suficiente habilidad para sacar los tornillos de esta puerta.

A quienes padecen este defecto hay que recomendarles que, antes de dejarse llevar por esas impresiones o sentimientos tan negativos, utilicen su razón y su sentido común.

Muchas veces el consejo más sencillo será animarlos a que comiencen a realizar sus tareas y, si surge alguna dificultad concreta, que pregunten cómo resolverla.

A la madre de familia afligida por su aparente *fracaso,* lo más práctico será sugerirle que anote en una libreta todos sus aciertos en la educación de sus hijos, sus desvelos y diarias atenciones, y luego, en otra lista aparte, que anote sus *tremendos errores*. Al final terminará por convencerse de que objetivamente lo ha hecho mucho mejor que lo que ella pensaba, con las lógicas limitaciones.

El estricto cumplimiento de
el deber por el deber

En toda actividad humana hay que cumplir con determinados deberes y responsabilidades para realizar con eficacia y buen desempeño las labores que tenemos a cargo. Sin duda, es magnífico contar con ciudadanos que realicen sus compromisos con gran atención y cuidado. Sin embargo, hay personas que se obsesionan o se agobian ante los deberes de Estado, de tal manera que nunca descansan.

En su campo mental visualizan el cúmulo de pendientes y se recriminan por algún otro deber que no han cumplido a la perfección. Su máxima del *debería* inunda todas las áreas de su existencia durante las 24 horas del día, al punto de sentirse como encorsetadas y presionadas por sacar adelante todas sus obligaciones.

En cierta ocasión fuimos de vacaciones un grupo de amigos y yo al puerto de Guaymas. Después de pasear por las calles de esta ciudad y contemplar desde los muelles los barcos que entraban y salían, decidimos ir a la playa de San Carlos a nadar un rato. Tras hacer un poco de ejercicio en la arena y chapotear entre las olas llegó la hora de la comida, así que decidimos entrar a un restaurante de mariscos, ubicado a poca distancia de donde estábamos, y cada uno pidió un coctel de camarones acompañado de una cerveza.

A través de la ventana contemplábamos el día maravilloso y despejado que nos había tocado, con el mar muy azul y el suave arrullo de las olas. Uno de los amigos reunidos en torno a la mesa comentó plácidamente, después de darle un largo trago a su cerveza bien fría:

—¡Esto sí que es vida! Mirar el mar no me cansa, al contrario, me relaja bastante… ¡Y qué brisa tan agradable!

Otro de los allí presentes comentó, con el rostro severo y cejijunto:

—¡No nos merecemos esto! Deberíamos estar en la oficina trabajando. ¡Yo dejé mil asuntos pendientes…!

Dicho en otras palabras, aquel joven profesional no se había desconectado de sus deberes laborales y seguía profundamente preocupado, al punto de no ser capaz de disfrutar ese rato de sano esparcimiento durante unos días de vacaciones.

Claro está que a los pocos meses le sobrevino un agotamiento físico y mental por esta equivocada manera de enfocar sus deberes. No le quedó más remedio que someterse a un tratamiento médico y solicitar permiso –contra su voluntad– para ausentarse algunos días de su trabajo y tomarse las forzadas vacaciones que le indicó el médico.

Yo etiqueto, tú etiquetas, él etiqueta…

En ocasiones, las cargas emocionales negativas suelen cristalizarse mediante frases breves e incisivas que resultan todo lo contrario a mantener una visión positiva de las situaciones. Esas etiquetas generalizadoras pueden generarlas el mismo interesado o un tercero.

Por ejemplo, el que suele tener momentos de mal humor –quizá ante las excesivas presiones laborales– y no le faltan motivos de pequeños roces con su cónyuge o con sus hijos.

Su esposa, en un momento de impaciencia, puede decirle:

¡Lo que pasa es que eres un neurasténico insoportable! ¡No hay quien te aguante!

Si el esposo tiene suficiente equilibrio emocional, traducirá esa recriminación en algo así como: "En efecto, me excedí. He estado alterado en estos días. Debo controlar mis impulsos agresivos".

Le *da la vuelta a la página,* se propone mejorar en ese aspecto y no le concede mayor importancia al asunto.

En cambio, si es una persona aprensiva con una visión *catastrofista,* podría concluir: Tiene razón mi esposa. No tengo remedio. Soy un cascarrabias insufrible. Voy a reducir al mínimo el trato con ella y con mis hijos. ¡Que cada quien haga su vida aparte y esto se acabó!

Es decir, producto de su estado emocional, este hombre perdió la objetividad y llegó a una conclusión equivocada. Con su reacción pesimista y de resentimiento, le ha dado una importancia desfasada al comentario de su esposa y, sin duda, afectará la convivencia familiar.

O aquel estudiante de secundaria que en sus clases no pone su mejor esfuerzo ni hace bien sus tareas; por tanto, a fin de mes recibe la boleta de calificaciones con un promedio bajo. Entonces su padre lo regaña:

—¡Eres un *flojonazo*! ¡Nunca *has tenido cabeza* para los estudios! ¿Por qué mejor no te pones a trabajar para que valores lo que cuesta la vida?

Si el estudiante es dócil y humilde, cambiará de actitud e invertirá esfuerzo y dedicación para mejorar sus notas escolares, pero si es *sentido* o *resentido* –como decimos en México–, es fácil que piense:

—¡Siempre he sido un *bueno para nada*, el más *burro* del salón! No hay manera de que me componga. ¡Mejor abandonaré mis estudios y trabajaré como vendedor ambulante!

Sabemos de antemano que ésa no es la solución correcta. ¡Cuántos estudiantes no han salido adelante, en medio de sus limitaciones y deficiencias, gracias a la ayuda de sus padres y profesores, y han terminado sus estudios universitarios con excelencia!

Sin embargo, por mis años de experiencia como profesor, recomiendo evitar este tipo de etiquetas –sobre todo a ciertas personas–, ya que puede afectar o marcar de por vida, en vez de estimular a los hijos, alumnos o subalternos hacia un cambio o mejoría.

El culpable soy yo

Muchas veces en la vida familiar y laboral ocurren fallos, errores y desaciertos. ¡Todos, sin excepción, nos equivocamos y con mucha frecuencia! Hasta cierto punto son hechos inevitables porque así es la condición humana, pero existe cierta clase de individuos que tienden a *personalizar,* es decir, a atribuirse cuantas deficiencias ocurren.

Si, por ejemplo, en una intervención quirúrgica resultó que el paciente no quedó del todo bien, a menudo sucede que, en vez de que el médico cirujano haga un balance y estudie con calma por qué el paciente todavía tiene molestias, no falta la enfermera que se adelanta a culparse a ella misma y a concluir precipitadamente:

—La culpa ha sido mía porque no pasé las gasas suficientes ni estuve más pendiente de lo que le hacía falta al cirujano durante la operación.

O si en una tienda departamental se llegó a la conclusión de que las ventas bajaron respecto del mes anterior, tampoco falta que algunos de los empleados digan:

—Sin duda fue por mi culpa, ya que no ordené bien la mercancía en los anaqueles; también porque la semana pasada no atendí mejor a un par de clientes.

Cuando la verdad es que en ese mes ya estaba prevista una baja en la demanda de productos por ser la temporada vacacional y lo común es que la mayoría de las tiendas registre una merma en sus ventas.

Algunas recomendaciones para remediar estas tendencias

Poner las cosas en su justa dimensión y tratar de ser objetivos. Muchas emociones de irritación, frustración, temor, culpa, etcétera, proceden de una equivocada percepción de la realidad.

Guiar los sentimientos mediante la razón. Los sentimientos no son buenos ni malos en sí mismos, pero hay que permitir que sea la razón la que los conduzca y oriente. La reflexión y el análisis de esas emociones deben establecer la guía rectora de la mente, ya sea para potenciarlas o redireccionarlas. Para los que somos católicos, el primer mandamiento de la Ley de Dios es un maravilloso sentimiento: "Amarás al Señor, tu Dios, con todo tu corazón, con todas tus fuerzas, con toda tu mente, y al prójimo como a ti mismo". Se trata de un sentimiento con unas consecuencias prácticas y exigentes para la vida cotidiana.

De igual forma, en el noveno mandamiento se afirma: "No desearás a la mujer de tu prójimo". Es decir, se concreta a que hay que aprender a orientar bien los afectos de tal manera que el cónyuge ame más y tenga mayores detalles de cariño con su propia esposa e hijos, y se cuiden las medidas de prudencia en el trato con otras mujeres, para no descuidar el corazón y procurar ser cada día más fiel en su matrimonio.

Aceptar las situaciones de las que no somos responsables. Muchos *malos tragos* de esta vida se solucionan aceptando los acontecimientos externos tal como son. Es decir, nosotros no tenemos el control absoluto para evitar que ocurran. Por ejemplo: un accidente automovilístico, una enfermedad, el hecho de que un familiar cercano a nosotros haga mal uso de su libertad, etcétera.

Examinarnos a nosotros mismos. Es recomendable el uso de papel y pluma para anotar y analizar ¿por qué he perdido la paz y estoy perturbado?, ¿qué causas me ponen irritable, triste o impaciente?, ¿soy objetivo y realista?, ¿qué aspectos positivos puedo obtener como aprendizaje de esto que me ocurre? Con este sencillo método descubierto por el psiquiatra David D. Burns se solucionan muchos episodios tortuosos de la existencia humana o, como suele decirse, esas pequeñas *tormentas en un vaso de agua.* Para ello se requiere la valentía de enfrentar el problema, y buscar una solución equilibrada y sensata.

Hago la importante aclaración de que me refiero a ese mundo subjetivo con el que a diario nos enfrentamos, y a esas pequeñas luchas que todos tenemos que librar para conservar la paz y la armonía.

Desde luego, no me refiero a hechos moralmente malos, como robar, estafar, cometer actos de corrupción, agredir al prójimo, hacer mal uso de la sexualidad, engañar, mentir, etcétera. Todo eso pertenece a la esfera de los actos personales de comportamiento y se debe buscar su solución dando cuentas a la justicia dentro del ámbito civil o acudiendo al sacramento de la confesión –si se es creyente– en el ámbito espiritual. En este último, si se ha robado, por ejemplo, se debe restituir esa cantidad; si se ha calumniado, hay que procurar devolver la buena fama o la honra al prójimo, etcétera.

Valorar los aciertos y ser tolerante ante los propios fracasos. En ese balance personal para mejorar la autoestima se requiere aprender a reconsiderar nuestros logros o éxitos y darles su lugar adecuado. Ante los propios errores, desaciertos o equivocaciones hay que tratar de ser más comprensivos y tolerantes con nosotros mismos.

Vencer el llamado mal de montaña. Éste se presenta en quienes experimentan una sensación de impotencia ante un problema y se precipitan a decir: "No puedo; realizar esto es imposible". Muchos especialistas cuestionan al respecto: "¿Te has tomado la molestia de comenzar a hacerlo, y de vencer las pequeñas y normales dificultades iniciales?"

Mantenernos tranquilos ante las caídas. Mientras vivimos, son inevitables los tropezones y los fracasos, como el transeúnte que al caminar por una vía no asfaltada ensucia su ropa con polvo o enloda un poco sus zapatos. Pero ello no debe llevarnos a perder la paz ni la serenidad, ¡pues todo forma parte de la aventura de vivir!

Buscar soluciones creativas e innovadoras. Los problemas hunden psíquicamente a muchas personas, éstas tienen momentos de irritabilidad o se llenan de miedos imaginarios. Al final caen en una especie de *parálisis* mental, sin saber con exactitud qué hacer o cómo reaccionar.

Hay que procurar mirar la otra cara de la moneda y decir: "Muy bien, por este lado me topé con un muro infranqueable y no pude lograr nada, pero ¿qué posibilidades de éxito tendré si sigo esta otra alternativa?" Con esa actitud positiva se encontrarán mejores soluciones.

Dejar de contemplar obsesivamente los errores del pasado y no entristecerse. Es más saludable vivir en el presente, y mirar hacia el futuro con optimismo y esperanza. Naturalmente, es necesario aprender de las experiencias.

Definir e ir tras las metas realistas. Para ello es importante determinar lo que hoy sí se puede realizar, de acuerdo con la salud, la edad, la situación económica, etcétera, y lanzarse con decisión y entusiasmo tras esas metas.

Pensar de forma positiva. Eliminar del pensamiento frases negativas, como: "Soy un inútil", "No sirvo para nada", "Siempre me equivoco", "No tengo remedio", "Si lo intento, de seguro fracasaré", y sustituirlas por pensamientos constructivos encaminados a darnos seguridad a nosotros mismos en las actividades que emprendamos.

Aceptar y amar la realidad. El hecho de proponernos metas menos utópicas y más adecuadas a nuestras capacidades no significa en modo alguno un fracaso o una humillación, sino una consideración sensata, justa y proporcionada de nuestras posibilidades reales de lograrlas.

Capítulo 9

¿Por qué
nos generamos
conflictos?

Muchos de los problemas que alteran a las personas suelen ser menudencias, detalles intrascendentes.[11]

Si tenemos una cita con algún cliente o conocido y lo encontramos malhumorado, ¿cuántas veces el motivo de su desazón no ha sido una pequeñez? Como, por ejemplo: "¡Si supieras el tránsito que me encontré de mi casa a la oficina!"

Resulta clave no darle demasiada importancia a los obstáculos de la jornada: un despertador que no sonó a tiempo, nos levantamos tarde y no llegamos puntualmente a la oficina; en el desayuno faltó azúcar suficiente para ponerle al café debido a que la hija mayor olvidó comprarla el día anterior; un celular o una computadora que, de pronto, no funcionan; una tubería que, a media noche, comienza a arrojar unas gotas y, al día siguiente, inunda todo el baño; un cliente impaciente e inoportuno

---

[11] R. Carlson y E. Salesman, *No se disguste por pequeñeces*, Quito, Ediciones San Pablo, 2005.

que nos deja ocho recados urgentes y en realidad se trata de un asunto sencillo, etcétera.

¿Son asuntos de suficiente calibre para que nos hagan perder la paz y la alegría? Desde luego que no. Hay que aprender a ver todos esos imprevistos como asuntos de ordinaria administración.

El inolvidable licenciado Vidriera

Hay personas que por la mañana temprano le dan grasa a su calzado o planchan su ropa y se pasan el día entero obsesionadas porque no les vaya a caer una manchita a sus zapatos, o se sientan en un sillón con la preocupación de que no se les vaya a arrugar el saco o el pantalón pues, si no están vigilantes, tendrán que llevarlo pronto a la tintorería.

A este respecto, recuerdo a un personaje muy divertido de las *Novelas ejemplares* de Miguel de Cervantes Saavedra llamado el licenciado Tomás Vidriera. Realizó muchos viajes y tuvo numerosas aventuras en diversos lugares. Cierto día conoció a una dama y ella quedó perdidamente enamorada él, pero Tomás no sintió el mismo atractivo por ella y la desdeñó.

En venganza, esta dama –mal aconsejada por una morisca– le dio a comer un membrillo con veneno, de modo que quedó hechizado. Se enfermó por seis meses y recibió tratamiento médico. Después de intentar diversas curaciones recuperó la salud del cuerpo, pero quedó trastornado de la mente: el desdichado imaginaba que todo su cuerpo era de vidrio y procuraba no acercase a nadie, porque temía que lo quebraran.

Sus amigos, que lo apreciaban de verdad, se pusieron de acuerdo para que este personaje se persuadiera de que sólo se trataba de ideas fantasiosas e irreales fabricadas por su mente. Así, unas veces conversaban a solas con él para hacerle cambiar de opinión, le estrechaban efusivamente las manos o le daban abrazos y afectuosas palmadas en la espalda y le decían:

—¿Ves cómo no te ocurrió nada y que eres de carne y hueso, y no de vidrio?

Pero el licenciado Vidriera se angustiaba tanto que se desmayaba de la fuerte impresión, al imaginar que iba a morir roto en mil pedazos. Horas después del desmayo, se despertaba pero, al volver en sí, en vez de convencerse de que no le había sucedido nada y de que no era de vidrio, continuaba con sus mismas ideas raras: era de vidrio y nadie debía tocarlo.

¡A cuántos *licenciados o licenciadas Vidriera* no hemos conocido que pierden por completo la compostura si, por ejemplo, su coche tiene un pequeño rayón, si se les quebró una minúscula parte de la uña, se les arrugó un poco el traje o el vestido, o se mojaron un poco ante una llovizna inesperada!

No faltan quienes le echan totalmente la culpa a una supuesta *mala suerte*, cuando la realidad es que así es la condición humana.

Viene a mi memoria el caso de un conocido mío –con esta misma obsesión por lo pulcro y perfecto– a quien no le gustaba caminar por las calles del centro de la ciudad porque –según él– las encontraba siempre "polvorientas, ruidosas, sucias y malolientes".

Quienes se dejan llevar por un enfermizo afán de pulcritud y orden terminan por complicarse la vida y sufrir inútilmente.

Existen otras personas que piensan de forma equivocada y no descansarán hasta que las cosas de su habitación, de su casa o de su oficina se encuentren en completo orden. Naturalmente, el arbitrario orden que ellos les dan.

Me parece que puedo ayudar a los lectores a captar mejor este peligro, que a todos puede acechar, con el siguiente relato imaginario que escribí a propósito de las personalidades perfeccionistas.

Una mañana en la vida de un perfeccionista

Adrián se levanta unos minutos después de la hora prevista y piensa que si llega tarde a su trabajo cometerá un error imperdonable y podría ser despedido o, al menos, recibir una severa reprimenda por parte de su jefe.

Se incorpora y pasa al cuarto de baño. Mientras se rasura, se hace una pequeña cortadura. Acaba convencido de que todo el mundo se fijará en ese detalle y fantasea con la idea de que no faltará quien le pregunte qué fue lo que le ocurrió. Además, "¿cómo se presentará así ante sus colegas?, ¿qué pensarán de él?", se pregunta, atormentado.

Acaba de rasurarse y se aplica un poco de alcohol sobre la herida: "¡Qué ridículo y tonto me veré!", piensa, malhumorado.

Al ponerse la camisa, se percata de que el botón del puño comienza a descoserse. De inmediato imagina que justo en medio de la junta que tendrá esa mañana con los directivos de su empresa, en el preciso momento en que estire la manga, el botón acabará por desprenderse.

"¡Vaya *papelazo* el que haré con el botón de la camisa descosido y, de seguro, en ese momento se caerá y rodará por la mesa! Seré el centro de atención… ¡Sólo a mí me ocurren estas cosas estúpidas!", mascolla.

Luego se concentra en elegir alguna de las corbatas de su armario: "Me pondré la corbata azul para dar buena impresión, o la café, o la verde… ¡mejor la roja!", y así titubea durante un largo rato.

Mientras acaba de peinarse se da cuenta de que le está saliendo un pequeño grano en la barbilla y exclama, preocupado: "¡Nada más esto me faltaba: luciré hoy un grano, como el de un quinceañero en plena pubertad!"

Terminado su aseo personal, se dirige a toda prisa a desayunar. Baja las escaleras con rapidez, un zapato roza con el filo de un escalón y se raspa un poco. "¡Upsss!", reacciona irritado.

Se regresa con rapidez a su habitación para dar grasa de nuevo a su calzado, con el fin de ocultar ese pequeño raspón, pero el tiempo irremediablemente transcurre y escucha la voz de Lucy, su esposa, quien le grita, impaciente:

—¡No sé por qué te tardas tanto en bajar a desayunar! ¿Te crees el rey de España preparándose para una recepción diplomática? ¡Apúrate, se te van a enfriar tus quesadillas!

Se sienta ante la mesa del comedor, visiblemente alterado, y se sirve lo que le han preparado, además de un poco de frijoles.

En cuanto se lleva a la boca el segundo bocado –de manera ansiosa y apresurada para no llegar tarde a la oficina–, a su inmaculada y fina camisa blanca le cae una pequeñísima gota. Se limpia con la servilleta y frota la mancha con fuerza. Le pregunta a su cónyuge:

—¿Se nota mucho la mancha en la camisa?

Ella le responde con serenidad:

—Yo ni la veo…

—¡Pues, yo sí! ¡Vaya, pues! ¡Debería cambiar ahora mismo de camisa, pero ya no me da tiempo!

—¿No estarás exagerando? –le pregunta ella.

—¡Está manchada y el botón del puño derecho está a punto de caerse! –responde enfurruñado.

Se despide de Lucy. Le da un beso en la mejilla y, de paso, le pregunta:

—Oye, ¿y no tengo mal aliento?

Su esposa se encoge de hombros, entrecierra los ojos, hace un gesto como de *¡cuánta paciencia debo tener con mi marido tan quisquilloso!* y prefiere guardar silencio para no responder con alguna frase que genere fricción.

Por fin, Adrián logra salir de su casa. Un poco tarde, como cabe esperar.

Enciende el coche y escucha un ruido leve que quizá provenga del motor.

"¡Caramba, a ver si el coche no me deja tirado por el camino y en medio del Periférico!" Luego concluye alarmado: "¡Además, no traigo el teléfono de mi mecánico! ¡Si le pasa algo al coche, estaré perdido!"

Por fin llega cerca de su oficina. Deja su automóvil en el estacionamiento público de siempre. Se retira con la funesta sensación de que quizá ese día se lo robarán o tal vez lo dejen sin la llanta de refacción.

Aborda el elevador. Recuerda que desde el día anterior ya había dejado todos sus papeles debidamente preparados para la junta en una carpeta, pero le asaltan todo tipo de dudas y temores.

Se dirige con rapidez a su escritorio. Enciende la computadora. Abre su archivo para imprimir toda la información, que en realidad no es necesaria, pero lo hace por si acaso su jefe le pregunta algo adicional.

Envía la orden correcta a su impresora, pero esa mañana no funciona bien: las copias salen con poca tinta: "¡Vaya ridículo que voy a hacer si mi jefe me pregunta por este asunto! Y, por si fuera poco, ¡hoy voy a llegar varios minutos tarde a la reunión!", reflexiona muy preocupado.

Finalmente llega a la junta con un par de minutos de retraso. Para su sorpresa, nadie ha llegado. La secretaria le avisa que su jefe acaba de comunicarse para avisar que ya viene en camino, que se le hizo un poco tarde debido a un desayuno que tuvo más temprano.

A continuación, la atenta secretaria le ofrece una taza de café. Adrián acepta con amabilidad, mientras ordena cada uno de los papeles de su carpeta sobre la amplia mesa.

Después de unos pocos y precipitados sorbos, observa con desesperación cómo algunas gotas se deslizan sobre su corbata nueva. Intenta limpiarla cuanto antes, pero resulta en vano. "¡Se notan unas pequeñas manchas de café! ¡Qué desgraciado soy!", se lamenta y continúa: "¡Vaya mañana llena de contratiempos! ¿Por qué a mí me pasan estas cosas y precisamente el día de hoy?"

Quince minutos después comienzan a llegar los otros colegas. Conversan animadamente sobre el partido de futbol de la noche anterior entre México y Brasil. Luego se hacen las típicas bromas y chascarrillos para divertirse unos con otros.

Por supuesto, nadie se percata de que a Adrián le ha salido un granito en la barbilla ni de que tiene una pequeña mancha de frijoles en la camisa. Los demás tampoco se fijan en que el botón de su puño comienza a descoserse ni le dan importancia a las recién incorporadas manchas de café en su corbata.

Un rato después llega el director de la empresa. Entra a toda prisa, como un toro de lidia, y se sienta bufando en la cabecera de la concurrida mesa. Abre su computadora y comenta:

—Vamos a posponer los asuntos planeados para analizar este día, porque ha surgido un tema muy importante que voy a exponerles. Reserven sus dudas hasta el final, por favor.

Comienza la reunión. La disertación del jefe se prolonga y transcurre alrededor de una hora. Después viene una sesión de preguntas y sugerencias.

El director mira el reloj y recuerda que tiene a continuación otra cita programada.

Adrián levanta la mano con timidez y comenta:

—Señor, usted me había encargado que hiciera un reporte sobre…

—Sí, sí… –lo interrumpe el jefe–. Pero eso lo veremos en la próxima reunión, ya que ahora llevo demasiada prisa. Debo salir de inmediato hasta el sur de la ciudad y el tránsito está hoy especialmente pesado. Escuché en la radio que se debe a que unos manifestantes bloquearon algunas importantes vialidades.

Adrián se queda completamente desconsolado y piensa: "¡Vaya, otra semana más que cargaré con la preocupación de lo que voy a decirle al director en la próxima junta! ¡Hoy no han dado todavía las 12 del día y ya me encuentro agotado por la mañana tan difícil que he tenido!

Concluiremos que esas obsesiones perfeccionistas suelen ser el camino más eficaz para que algunas personas vivan siempre preocupadas, en tensión y se generen conflictos que, en realidad, ¡no existen!

No hacer de la madera aserrín, en cambio, de un limón hacer limonada

Este sencillo pero sabio consejo nos lo aporta el autor Dale Carnegie en su *best seller Cómo suprimir las preocupaciones.*[12]

¿Cuántas veces hemos presenciado la siguiente escena familiar en que *se hace de la madera aserrín?*

Efrén González tiene un hijo que estudia en la universidad y sus clases terminan hacia las 6 de la tarde. Un día, su hijo no llega a la hora acostumbrada y su padre le llama a su teléfono celular, pero no logra comunicarse.

Se lo comenta preocupado a su esposa, Irma, quien para ese momento ya es un manojo de nervios, y entre los dos comienzan a imaginar las peores tragedias como:

- "¿Lo habrán asaltado?"
- "¿No estará accidentado en la Cruz Roja?"
- "¿Y si fue víctima de un secuestro?"

La madre comenta, afligida:
—Últimamente frecuenta a un amigo que me da muy mala espina, ¿no se habrán ido juntos a beber a un antro de mala muerte?

[12] Dale Carnegie, *Cómo suprimir las preocupaciones,* Buenos Aires, Editorial Sudamericana, 1980.

Y así comienza el largo y tortuoso itinerario de telefonear a los familiares y conocidos para preguntarles si tienen alguna noticia sobre su hijo. Cada uno *echa más leña a la hoguera* de miedos e incertidumbres:

—¡Uy, ahora el problema de la inseguridad está cada vez más alarmante!

—A mi sobrino lo secuestraron al salir de su escuela y estuvo ocho días privado de su libertad, hasta que mi hermano entregó una fuerte suma de dinero para pagar el rescate.

—¡Cuidado con las fiestas juveniles de ahora: son un foco de vicios y violencia!

—¡Hay muchos vagos por las calles!

—Yo que ustedes llamaba ahora a la policía…

Cuando así están las cosas, suena el teléfono y es su hijo, Gerardo. Les comenta que el profesor les pidió que se quedaran un rato más para aclarar algunas dudas y también pedirles un trabajo urgente. Explica que la reunión se alargó más de lo previsto y se disculpa.

—¡¿Y por qué no pude comunicarme contigo en tu teléfono celular?! –lo interpela su padre, alterado.

—Porque se bajó al mínimo la batería.

—¡Pues debiste prevenirlo y marcarnos cuanto antes; no tienes ninguna consideración con nosotros! ¡Tu madre ha llorado todo este tiempo y yo estaba a punto de llamar a la policía! ¡Te has comportado como un irresponsable! –explota el padre.

—Perdón, tienen razón. Fue una imprudencia de mi parte, aunque la verdad es que sólo me retrasé media hora en dar señales de vida…

Al colgar, Efrén toma un antiácido para su gastritis y su esposa le pide té de tila.

El peligro de permitir que la imaginación *cabalgue alocadamente* suele causar muchos trastornos orgánicos y emocionales.

En cambio, me parece que todos nos hemos encontrado con ese amigo optimista que lo contratan con un buen sueldo y generosas prestaciones en una reconocida empresa trasnacional, y nos dice entusiasmado, *haciendo de un limón limonada:*

—Si las cosas salen bien en mi trabajo, podré dar el enganche para comprar una casita y dejar la que tengo rentada; podré pagar los estudios de mis hijos en una buena escuela privada; con el tiempo podría comprarme un auto nuevo, aunque sea de segunda; ¡y a ver si por fin se nos hace salir de vacaciones y conocer Los Cabos!

Y en el peor de los casos, ¿qué puede pasar?

He conocido personas que casi siempre tienen *a flor de piel* esta saludable frase: "¡Tranquilo, no pasa nada! ¡Y si pasa, ya veremos cómo lo solucionamos!"

Son individuos que por lo general gozan de buen humor y paz interior. Pero no sólo eso: comunican a su alrededor esa misma serenidad y tranquilidad. Tal es el caso de mi vecino, Juan Luis, quien es un experimentado abogado y cuenta con más de 70 años.

Tiene el don de saber escuchar a las personas preocupadas y por todo el tiempo que haga falta, así como el de transmitir su modo optimista de enfocar la vida. Por ello suele ser un profesionista bastante solicitado por la gente que busca consejos, algunos jurídicos, pero muchos otros de tipo personal, precisamente por ese imponente sentido común que posee.

En particular con las personas que se encuentran turbadas por algún temor de tipo económico, familiar, de salud, etcétera, es común escucharle este comentario:

—Bueno –dice Juan Luis–, ¿qué tantas probabilidades hay de que ese conflicto conyugal de tu hijo con su esposa termine en divorcio?

—La verdad, no muchas, ¡si acaban de casarse hace un par de meses!…

—Entonces, ¿por qué te preocupas tanto? ¡Ya se contentarán de nuevo! ¿Acaso no conoces la psicología de los recién casados?

En este otro caso, un amigo fue a pedirle consejo:

—Me has dicho, Miguel, que el cáncer de piel que padeces no es peligroso y que se puede curar con facilidad…

—Pero, ¿y si me da metástasis, y de la piel se extiende a un órgano dònde sea mucho más agresivo, como el páncreas, el hígado o los pulmones? –se pregunta de nuevo el atormentado enfermo.

—Bueno –responde el prudente abogado–, primero habría que ver si en efecto ocurre eso y, después, en el remoto caso de que el cáncer invada algún otro órgano, en la actualidad existen tratamientos y médicos muy acertados, ¡no olvides que la oncología ha progresado mucho!

—Y si el cáncer sigue invadiéndome y me muero, ¿qué va a pasar? –insiste el enfermo.

Juan Luis –quien es un buen católico– le responde con una sonrisa tranquilizadora:

—Mira, si te mueres, como sé que eres honrado en tu trabajo, un buen esposo, magnífico padre de familia y practicas bien tu religión, ¡te irás al cielo y asunto resuelto! ¡Convéncete de esto: en mejor lugar no podrás estar! Entonces, ¿de qué te preocupas? –y concluye con su consabida frase–: ¡Así que tranquilo, no pasa nada! ¡Y si pasa, ya veremos cómo lo solucionamos! ¿De acuerdo?

Capítulo 10

Algunas causas por las que perdemos la paz

Hacer varias cosas a la vez

Hay personas que, en su trabajo, tienen la habilidad de responder al teléfono mientras continúan escribiendo en su computadora. Pueden de manera simultánea conversar con el vecino de su escritorio, reírse de un chiste que le contaron, engrapar y ordenar unos papeles sin dejar de conversar por teléfono, saludar a quien pasa a su lado… Y todo ello hacerlo bien. ¡Es maravilloso tener esa facultad!

Pero digamos que el común de los mortales necesita concentrarse bien para realizar una tarea que implique cierta complejidad. Suele ser fuente de agobios pretender hacer varias tareas a la vez.

Un ama de casa, por ejemplo, puede comenzar a ordenar la ropa en el armario, mientras deja encendida la estufa con algún guiso; pone a funcionar la lavadora; suena su teléfono y es su hija, que quiere contarle cómo pasó el fin de semana con su familia en Valle de Bravo; pero en ese mismo momento suena el timbre de la puerta y es el plomero que viene para arreglar una tubería que gotea en la cocina.

La señora se angustia porque, en un descuido, se le quema el guiso que tenía en la cocina; se siente incómoda porque dejó el armario sin acabar de ordenar y con bastante ropa sobre la cama; le pasa por la cabeza que necesita echarle un vistazo a la lavadora; pero resulta que su hija le cuenta a detalle las aventuras de sus nietos y cómo fue que aprendieron a manejar la cuatrimoto durante el paseo. No es capaz de interrumpir la llamada telefónica y con preocupación observa cómo el plomero –cansado y molesto de esperar un largo rato en la puerta, de pie– decide marcharse y quizá volver otro día.

Cuando regresan puntualmente su esposo y sus hijos a comer, el ama de casa les ofrece una disculpa por no tener la comida a tiempo y les comenta:

—¡Si supieran qué día tan complicado he tenido! ¡Estoy con *los nervios de punta* porque nada me salió bien esta mañana!

Una recomendación importante y sencilla es hacer una cosa, terminarla, luego comenzar otra y así sucesivamente, sobre todo si esas tareas requieren una particular atención o concentración. Para ello, se sugiere aprender a utilizar la agenda para determinar los asuntos por resolver esa semana, en orden de importancia, y atenderlos paso a paso, sin perder la paz ni la calma.

Hay asuntos que son ineludibles. En este caso, para el ama de casa es prioritario tener lista la comida a tiempo para su familia. Hay otros asuntos que son urgentes y no deben aplazarse; por ejemplo, una fuga de agua por una tubería rota.

En cambio, hay otros pendientes que pueden realizarse cuando se tenga mayor tranquilidad y tiempo, como poner en orden la ropa de un ropero o un librero.

Por ello, para lograr una mayor eficacia resulta fundamental establecer un orden jerárquico en el trabajo, de manera que lo medular se resuelva ese día y lo secundario se atienda cuando se disponga de tiempo.

Tengo un amigo que suele ser bastante compulsivo y desordenado en su modo de trabajar y, como consecuencia, a menudo pierde la calma y la paz en sus labores cotidianas. Como nos vemos con frecuencia, me pide orientación a este respecto. Suelo sugerirle:

—Hazte estas preguntas que pueden ayudarte a mejorar en el orden: ¿Cuáles son las tres cosas claves que hoy no puedes dejar de realizar o solucionar?, ¿qué puede ocurrir si esas llamadas telefónicas que has recibido las contestas mañana, al día siguiente o cuando dispongas de más tiempo? Y sobre tus correos electrónicos y redes sociales, ¿por qué no los dejas para cuando hayas cumplido con lo más urgente e importante? ¿Piensas que *se va a acabar el mundo* si no respondes de inmediato a un telefonazo, a un mensaje en tu teléfono celular, a un *whatsapp* o a un correo?

La conclusión invariable de estas conversaciones es que –en efecto– es fundamental aprender a atender los asuntos según su importancia y resolverlos de forma ordenada sin perder la serenidad. Así seremos dueños de nuestro tiempo y no al revés.

Un pensamiento negativo
atrae a muchos otros

Con frecuencia los humanos tendemos a fijarnos en lo negativo de las personas o de los sucesos. Anoto un ejemplo: nos despertamos y, mientras nos aseamos, viene a nuestra mente el recuerdo de un familiar cercano a nosotros y un suceso desagradable ocurrido hace ya muchos años.

Una mente sana aprende a cortar de inmediato con ese inoportuno y estéril recuerdo, y piensa, en cambio, en algo que la ilusione; por ejemplo, una importante visita al directivo de una industria que tiene programada durante ese día.

En cambio, una actitud negativa es permitir que *corra la película,* revivir aquel ingrato recuerdo y concluir: "¡Qué mal se comportó conmigo ese hermano mío en aquella ocasión, cuando éramos adolescentes!"

A continuación se hilvanan otros amargos recuerdos: "Y también me acuerdo de aquella vez que mi padre me dijo tal cosa; y cuando mi tío me regañó dura e injustamente; y aquella otra ocasión cuando le presté un dinero a mi primo y nunca me lo devolvió…"

Entonces, después de una hora de *rumiar* amarguras, concluye esa persona que siempre ha sido *la víctima*: todos han abusado de ella, y es la fatídica y única protagonista de esa negra película y exclama:

—¡Cuántas maldades me han hecho mis familiares y cuánto les he tenido que soportar! ¡Es el colmo!

Podemos preguntarle a esa persona: ¿cuál fue el resultado de esa hora de revivir esa *película amarga y subjetiva*? Por una parte, una pérdida lamentable de tiempo y, en segundo lugar, una absurda actitud de haberse metido en un callejón oscuro, lleno de tristeza y rencor que no conduce a ningún lugar, como no sea a perder de forma miserable el tiempo, y agigantar los rencores y resentimientos; por tanto, su amargura.

¿Qué hacer entonces? No permitir que la imaginación nos meta en esos laberintos sin salida, cortar las fantasías con decisión y perdonar los agravios pasados. Sin duda, es lo que produce más paz y resulta más liberador, incluso desde un punto de vista meramente humano.

La otra cara de la moneda es la de aquel amigo estadounidense, Robert, estudiante de California. Recuerdo que le gustaba mucho la letra de una popular canción, *It's a beautiful morning*.

Eran los años de la Guerra de Vietnam y muchos jóvenes de ese país eran convocados para enlistarse en el Ejército para ir a combatir a la península de Indochina.

Me comentaba que había dos cartas que una familia estadounidense promedio temía: el reclutamiento para luchar en una guerra que a muchos jóvenes les parecía injusta y absurda; el aviso que comunicaba a los padres la muerte de su hijo caído en combate.

Robert y su familia sufrían pensando que de un momento a otro les llegaría la temida carta de reclutamiento, como sucede con tantos otros jóvenes de la Unión Americana.

Comentaba que, en cuanto le venían este tipo de pensamientos pesimistas, angustiosos o negativos, sobre todo en las primeras horas de la mañana, comenzaba a tararear o a cantar esa canción. Afirmaba que era una especie de medicina para considerar con optimismo que esa guerra absurda no duraría mucho tiempo más (como efectivamente ocurrió), y también para vislumbrar con ilusión cuantas cosas interesantes y apasionantes tenía por desarrollar a lo largo de su existencia en su vida profesional o, en pocos años más, cuando formara una familia con la guapa novia que ya tenía. De esta manera, lograba cambiar de actitud mental. Pasado cierto tiempo, en efecto, nunca fue llamado al frente de batalla, terminó la guerra y sus sueños laborales y familiares se convirtieron en realidad.

Sabemos que en psiquiatría a esto se le denomina *musicoterapia*, pero este amigo, sin saberlo, por sí solo la descubrió y con magníficos resultados.

En conclusión, así como un pensamiento negativo atrae a otros, igualmente una idea positiva, que entusiasme e ilusione, atrae a muchas otras ideas y planes apasionantes y constructivos.

La manía de compararse con los demás

Ésta es una pésima costumbre que tienen algunas personas y las conduce a sufrimientos indecibles que les causan gran tormento. Cito algunos ejemplos:

Un matrimonio comenta con desilusión:

—¿Te fijaste anoche que nos invitaron a cenar qué bonita casa tienen los González? ¡Qué sala, qué comedor! Y nosotros vivimos aquí, en este modesto departamento y en una colonia tan poco elegante, ¡qué desgracia!

O el joven profesionista que se queja:

—No tengo el automóvil deportivo de mi jefe ni la ropa exclusiva de mi colega en la oficina. Tampoco el teléfono celular o el reloj de mi primo. Mucho menos realizo los viajes en crucero que hace mi amigo José Carlos, compañero de generación de la maestría. ¡Soy un fracasado!

O la joven que compara a su novio:

—¡Qué guapo e inteligente es el novio de mi amiga Karla! En cambio, el mío es desabrido y poco simpático.

Claro está que la joven no toma en cuenta que su novio le ha sido fiel por cinco años; desde entonces ha ahorrado con grandes sacrificios para que puedan casarse. Además, tiene prestigio y es responsable en su trabajo. No tiene vicios, es noble y cariñoso con ella pero, por compararlo, ella se siente infeliz en su noviazgo.

Durante algún tiempo, yo practiqué la prueba de atletismo de los 100 metros planos en la preparatoria. Los consejos que nos daba el entrenador para vencer en las competencias deportivas eran éstos:

1. Nunca mires a los compañeros de los otros carriles durante la competencia. Concéntrate en tu propia carrera.

2. Tan importante es la salida de arranque como el esprint final.
3. En el estadio no hagas caso del vocerío de la multitud.
4. Sobre todo, nunca te dejes vencer por el miedo o la inseguridad ante la supuesta superioridad de los corredores rivales.

Siempre he considerado que estos consejos deportivos pueden aplicarse a nuestra vida cotidiana. ¿Por qué? Porque como dice el poeta Antonio Machado: "Cada caminante siga su camino". No tenemos por qué imitar la vida de los demás.

Si alguien tiene mucho dinero, ¡qué bueno y que lo disfrute! Al mismo tiempo, es evidente que todos debemos hacer nuestro mejor esfuerzo por superarnos humana y profesionalmente, y aspirar a metas altas, pero si no somos millonarios y, en cambio, ganamos lo suficiente para vivir de manera decorosa y sobria, ¡qué bueno también!

Si el vecino posee bienes materiales en abundancia, nos alegraremos. Sería absurdo que esa circunstancia nos perturbara y nos condujera a una sensación de infelicidad porque tenemos un desmedido afán por competir *para ver quién gana o tiene cada vez más bienes materiales*.

En esta vida cada quien tiene sus talentos, sus cualidades, sus virtudes, sus dones y corresponde a cada persona procurar sacar buen provecho de ellos. Hay quienes son superdotados, por ejemplo, para las matemáticas o para la música. Lo que resultaría ridículo es que alguien se sintiera incómodo o a disgusto si, en una reunión social, un amigo luciera su excelente voz y tocara tan bien la guitarra que recibiera numerosos elogios.

No hay persona que carezca por completo de virtudes o cualidades. Por tanto, no tenemos por qué obsesionarnos con compararnos con el prójimo o, peor aún, rivalizar por pretender colocarnos por encima de los que nos rodean.

Disgustarse por asuntos sin importancia

Todos los médicos coinciden en que cuando una persona está contenta, alegre, optimista y de buen humor se mantiene con un mejor estado de salud.

En cambio, las personas que solemos calificar de *corajudas* o *biliosas* padecen úlceras, colitis, insomnios, tensiones nerviosas y, en no pocas ocasiones, hasta enfermedades cardiacas.

Durante muchos años impartí clases en una escuela primaria y secundaria. Había un profesor, Manolo, originario de un pequeño poblado de Puebla. Por lo regular estaba sereno, tranquilo y de buen talante. Era un magnífico maestro y sabía imponer la disciplina en sus clases.

Cuando observaba que algún profesor se irritaba bastante por la mala conducta de sus pupilos en clase, acostumbraba decirle –a modo recomendación– una frase que a mí me hacía mucha gracia:

—Oiga, profe, ¡no es bueno hacer tantos *entripados!* ¡Téngales paciencia! –y a continuación nos narraba un hecho que le había tocado vivir–: Allá en mi pueblo había un profesor que hacía muchos corajes con sus alumnos. Hay que reconocer que los chamacos eran bastante latosos, pero este maestro les gritaba, los castigaba, los amenazaba con mandarlos a sus casas o con que iba a llamar a sus padres para acusarlos de su mala conducta. El resultado fue que siempre tenía en el cajón de su escritorio un frasco de un medicamento contra la gastritis. Después ésta se le convirtió en úlcera. Un día fue tanto el coraje que hizo debido a la indisciplina de sus alumnos que tuvo un sangrado estomacal y el director de la escuela tuvo que llamar de emergencia a la Cruz Roja, ¡así que de su salón salió en camilla directo hacia el hospital! –y remataba con su pintoresca frase, dirigiéndose al maestro que acostumbraba alterarse en clase–: ¡Así que, por favor, profe, no haga tantos *entripados,* que eso es muy malo!

Sin duda encerraba una lección de vida: en nuestra existencia cotidiana hay sucesos –grandes o pequeños– que pueden contrariarnos, pero no por eso debemos caer en una situación de estrés o de irritabilidad que acabe por minar nuestra salud física y mental.

En contraste, tengo un amigo ingeniero a quien le gusta armar y desarmar todo tipo de máquinas. Cuando se topa con alguna dificultad en ese oficio, por ejemplo, un tornillo demasiado apretado que parece como si se hubiera soldado, una rosca que no cede a la presión de las pinzas o cualquier otro obstáculo, de inmediato se pone a silbar una animada melodía, hasta que por fin, con mucha paciencia, resuelve esa dificultad.

Como observé que siempre repetía ese singular ritual, un día me entró curiosidad y le pregunté:

—Algunos se impacientan y se ponen de mal humor cuando encuentran un obstáculo, especialmente cuando trabajan con las máquinas; tú, en cambio, te pones a silbar o entonas una alegre canción. Me llama la atención. ¿Por qué lo haces?

—Por la sencilla razón –me respondió– de que he descubierto que es el mejor camino para no ponerme neurótico. Como sé que con una buena dosis de calma y de paciencia casi todo se resuelve, prefiero tararear las canciones que me gustan. Y si me convenzo de que aquel desperfecto de la máquina ya no tiene solución, ¡pues qué le vamos a hacer! ¿Por qué voy a ponerme de mal humor?

¡Es que tengo muchísimo trabajo!

El trabajo de algunas personas es fuente continua de alteración. Desde luego, son responsables y quieren atender bien sus asuntos, pero con frecuencia muestran una constante agitación laboral: suben y bajan corriendo las escaleras, caminan a toda prisa por los pasillos de las oficinas, realizan muchas llamadas telefónicas para hacer una gestión; es más, no tienen tiempo para desear buenos días con calma a sus colegas o a las secretarias. Como es natural, al final de la jornada acaban extenuados.

En la empresa donde trabajé por muchos años tenía un subalterno de carácter nervioso, de corta estatura, esbelto, con un delgado bigotillo y unos lentes redondos. Recuerdo que cuando le pedía un nuevo encargo, se tensionaba y me respondía visiblemente alterado:

—No puedo hacerme cargo de este asunto, ¿es que no te das cuenta de que ya tengo muchísimo trabajo? –y cuando decía esto se ponía de pie, agitaba los brazos o se movía de un lado para otro con evidente impaciencia.

—Es que este asunto es urgente e importante para la empresa –le explicaba–. ¿Por qué no revisamos con calma tu lista de pendientes?

Para mi sorpresa, me percataba de que había iniciado muchos asuntos, pero tenía semanas sin concluirlos y, sobre todo, objetivamente no tenía tanto trabajo como él argumentaba. Como yo observaba que tenía un temperamento muy nervioso, solía recomendarle:

—Mira, vamos a hacer lo siguiente: por el día de hoy olvídate de todos los demás asuntos que tienes y enfócate en resolver éste.

Él me contestaba, alterado:

—¿Pero qué vamos a hacer con la llamada telefónica que quedó pendiente con este cliente? ¿Y la gestión con nuestro principal proveedor?

Yo trataba de responderle con calma:

—¿Qué te parece si eso lo dejamos para mañana? Por ahora atiende este asunto porque en verdad es urgente, ¿de acuerdo?

Concluí que tenía que enseñar a este subalterno a trabajar con objetivos muy concretos; es decir, asignarle dos o tres asuntos como máximo al día para que se concentrara en ellos.

De la misma manera, decidí que convenía revisar con él, al inicio de cada semana, su lista de asuntos por resolver con la finalidad de que él mismo se diera cuenta de que podía ser más eficaz en su labor cotidiana y sacar adelante un mayor número de pendientes.

Tardé bastantes meses en lograr que se convenciera por sí mismo de esto, pero al final logré que atendiera sus asuntos con mayor eficacia, sin que sintiera esa particular zozobra que padecía. El acuerdo era el siguiente:

—Si algo te altera porque sientes que te rebasa el cúmulo de asuntos que debes atender o no sabes cómo resolverlos, no dudes en venir a mi oficina y preguntarme.

Con los años acabó por aprender este modo de enfocar el trabajo: con calma y sin agobios. Como dice aquel sabio y viejo refrán que repetían nuestros abuelos: *Todo cabe en un jarrito sabiéndolo acomodar.*

Me hace gracia la acertada reflexión de R. Carlson y E. Salesman: "Recuerde que cuando usted se muera es posible que todavía tenga muchas cuestiones pendientes".[13] ¡Cuántas personas se consideraban *indispensables* en un trabajo y pensaban que cuando lo dejaran o fallecieran sobrevendría una especie de *terremoto* o el caos total en su empresa, y cuando esto sucedió fueron sustituidas por otras personas con similares o incluso

---

[13] R. Carlson y E. Salesman, *op. cit.*, pp. 18 y ss.

123

mejores capacidades, y la vida laboral continuó adelante y con toda normalidad!

Suspirar por el pasado

Había una canción simpática de un conocido grupo musical español de los años ochenta, Mecano, cuyo contagioso estribillo entonado por la cantante, con voz aguda y melodiosa, decía así:

> Ay, qué pesado,
> qué pesado,
> siempre pensando en el pasado.
> No te lo pienses demasiado
> que la vida está esperando.

No pasa de ser una canción, pero me hacía recordar que, en efecto, hay muchas personas que viven siempre suspirando por el pasado, por tiempos de gloria del ayer que no volverán, y se lamentan una y otra vez de cómo está la sociedad en el presente.

Hago la aclaración de que estoy de acuerdo con el refrán que dice: *Recordar es vivir*. En muchas ocasiones, esas remembranzas agradables sobre épocas pasadas nos alegran la vida y son como una inyección de ilusión en el tiempo presente.

Basta con recordar, por ejemplo, esas reuniones que muchos acostumbramos tener con antiguos compañeros de la escuela o la universidad y la cantidad de anécdotas divertidas que salen a colación en esos encuentros, en los que recordamos viejos tiempos y algunos de los presentes fueron protagonistas. Solemos pasar largos ratos muy agradables y divertidos.

Sin embargo, a lo que yo me refiero es a la actitud mentalmente poco saludable de ciertas personas que consideran que *todo tiempo pasado fue mejor*, que miran al presente con disgusto y descontento, y al futuro con desconfianza y recelo. Algunas se ven inundadas de pesares y quejas por sucesos acontecidos en su pasado. Otras se angustian por lo que pudiera ocurrirles en el futuro.

Tuve una prima, fallecida hace bastantes años, que tenía su propio negocio. Para establecer su tienda dentro de una exclusiva zona comercial tuvo que pedir un préstamo bancario. En honor a la verdad, ella era responsable, dedicada y trabajadora. Pagaba sus intereses con toda puntualidad y poco a poco saldaba su adeudo. Sin embargo, vivía muy preocupada y con frecuencia comentaba:

—Tengo mucho miedo de que un día no pueda pagar todo lo que debo o de que me vaya mal en mi negocio y vaya a parar a la cárcel. ¿Te imaginas lo terrible que sería eso?

Por supuesto, toda la familia le hacía ver que eso no tenía por qué suceder puesto que le iba bastante bien en su tienda y, con los años, ya había logrado pagar casi la totalidad de su adeudo bancario. Además, en última instancia contaba con el apoyo de la familia, si ése fuera el caso. No obstante, esos argumentos no la convencían, parecía como si le ganara su ansiedad y volvía a la carga:

—¡Pero debe ser espantoso vivir en una oscura e insalubre cárcel! ¿Y siquiera ustedes, al menos, irán a visitarme?

Cargó a cuestas por años con esa preocupación y, al final, murió relativamente joven de un inesperado infarto, justo cuando acababa de pagar todo lo que debía. En conclusión, ¡jamás llegó a habitar esa terrible cárcel imaginaria que tanto la atormentaba!

Me parece que todos, en un momento dado, podemos dar a los problemas, especialmente a los económicos, una desmedida importancia que nos lleve a una preocupación permanente.

San Josemaría Escrivá de Balaguer escribió en su conocido libro *Camino* este sabio consejo: "Pórtate bien *ahora* sin acordarte de *ayer,* que ya pasó, y sin preocuparte por *mañana,* que no sabes si llegará para ti".[14]

Ante la moderna revolución cibernética, me he encontrado con dos tipos de personas, sobre todo mayores, con distintas actitudes:

1. Unas de inmediato se interesan por actualizarse, toman cursos de computación, aprenden a navegar en internet o se familiarizan con las redes sociales y se han adaptado admirablemente a estos progresos técnicos. Alguna de ellas me presumió

[14] San Josemaría Escrivá de Balaguer, *Camino*, México, Minos III Milenio Editores, 2015.

que ya podía comunicarse con sus hijos y nietos a través de Twitter, Facebook y otras redes sociales.

2. Otras, por el contrario, caen en una especie de *pánico escénico* y son incapaces siquiera de plantearse la posibilidad de aprender a utilizar una computadora. Comienzan a recordar que en sus tiempos la vida era más sencilla, menos sofisticada, que ahora todo tiende a complicarse y que a ellas no les interesan ni entienden esos modernos avances porque nacieron en otros tiempos. Algunos comunicadores les llaman, con cierta dureza, los *analfabetos cibernéticos.* Lo cierto es que este tipo de personas tiende a aislarse, a cerrarse frente a cualquier forma de progreso tecnológico, cuando podría aprovechar muchas de sus ventajas.

Se escuchan comentarios, a modo de excusa, de este tipo:

- "Yo ya pertenezco al siglo pasado."
- "Me parece que las máquinas son *infernales.*"
- "Me voy a morir sin aprender nada de esas cosas modernas."

Esa actitud la hacen extensiva a todo su ámbito existencial y con frecuencia se quejan con opiniones parecidas a éstas:

- "Ya no hay gente atenta ni educada."
- "Los jóvenes ya no tienen ideales."

- "La sociedad, en todos los sentidos, está cada vez peor."
- "La vida actual es cada vez más difícil y complicada."

Evidentemente, si una persona, día con día, está *rumiando* esas ideas negativas, ante todo se hace daño a sí misma y no pocas veces termina por enfermarse; en segundo lugar, algunos individuos llegan al extremo de concluir que prefieren morirse y cuanto antes mejor, ¡porque no entienden de este mundo tecnológico!

Los antiguos romanos tenían una frase que decía: "*Carpe diem!*", es decir: vive el día de hoy tu presente sin preocuparte por el mañana; goza las cosas buenas que la vida te ofrece.

¡Cuántas personas mayores –basta recordar a nuestros abuelos– vivieron entregadas a sus hijos y nietos, y fueron inmensamente felices!

Recuerdo que a mi abuela le hacía mucha ilusión que naciera cada nieto y se apresuraba a comprarle algún regalito. En su casa tenía una sillita diminuta de madera, color crema, y me decía con orgullo, a sus 92 años:

—Mira, con esta sillita han jugado y en ella se han sentado mis 11 hijos, tú y todos mis nietos, y ahora mis bisnietos. Espero tener la dicha de que pronto venga algún tataranieto.

Luego me señalaba sus numerosas jaulas llenas de pajaritos:

—Estos periquitos son australianos; por ejemplo, este lorito lo traje de Nayarit, ¡y es muy parlanchín! Me divierte mucho. Aquellos otros pajaritos, aunque no son muy vistosos, cantan precioso por las mañanas.

Además, tenía en el jardín muchos perros de todos los tamaños y razas que la entretenían bastante. Para ella era un día de fiesta cuando los nietos nos reuníamos a comer, y desde temprano se ponía a preparar –con la ayuda de mis tías– diversos platillos y golosinas.

Hacia el mediodía solía sentarse en una mecedora, en el porche de su casa, a esperar a que mi abuelo regresara del campo para servirle la comida.

Puedo atestiguar que siempre la vi serena, contenta, tranquila, sonriente, ocupada en mil asuntos, receptiva para escuchar y ayudar a cada uno de los miembros de la familia. Mi abuelo, por su parte, siempre permaneció activo en sus labores agrícolas y ganaderas. En el verano de 1969, cuando llegó el primer hombre a la Luna comentó mi abuela:

—¡Qué bonito que me haya tocado vivir este momento tan importante en la historia de la humanidad!

Y mi abuelo respondió:

—Y esto es sólo el inicio, ¡ya verás los maravillosos progresos que pronto vendrán! Tal vez nosotros ya no los veremos, pero nuestros nietos sí. ¡Es fabuloso!

En conclusión, siempre observé ese ejemplo en mis abuelos: vivían contentos con el presente, se interesaban, les divertía y disfrutaban hasta de las cosas más pequeñas. El pasado era ocasión para darle gracias a Dios por todos los beneficios recibidos, y al futuro lo miraban con ilusión y una sonrisa. Pensaban, por ejemplo, que todos sus nietos y bisnietos podrían cursar una carrera universitaria y, con el paso del tiempo, serían destacados profesionistas y responsables padres de familia, con base en el ejemplo que nos habían brindado. En síntesis y en una frase que repetía tanto mi abuelo: "Me ilusiona mucho que todos mis nietos lleguen a ser personas de bien".

¿Y los defectos de los demás?

Hay frases típicas que a menudo escuchamos; por ejemplo, la de una señora que se queja: "¡No soporto que mi marido sea tan desordenado!" O el profesionista en su trabajo: "¡Cómo me disgusta que este compañero llegue siempre tarde a las juntas! ¡Es un informal y todo lo deja a medias!"

Una pregunta clave: ¿qué hacer ante los defectos de los demás?

En primer lugar, existe lo que se llama la *corrección fraterna*. Consiste en hablar con el interesado, a solas, y decirle con cariño y aprecio lo que hemos pensado y concretamente en dónde debería corregirse. Hay que comentárselo con serenidad, en plan positivo y con el sincero afán de ayudar a que mejore. Por ello se recomienda corregir cuando haya desaparecido la indignación por la falta cometida.

Hacer ver a los demás sus defectos en público, *a gritos y a sombrerazos,* como solemos decir, muchas veces resulta contraproducente y en ocasiones obtenemos el resultado contrario.

En segundo lugar, siempre es provechoso pensar lo siguiente cuando nos percatamos de algún defecto en los demás: ¿Y yo no tengo defectos? ¿Cuántas veces me habrán aguantado y perdonado por mi manera de ser mis padres, mis hermanos, mi cónyuge, mis hijos, mis parientes, mis amigos, mis colegas en el trabajo, etcétera, en todos los años que llevo de existencia?

Con frecuencia, detrás de una persona que pierde la paz y la alegría ante los defectos de los demás se esconde una buena dosis de egoísmo, porque su vida gira exclusivamente alrededor de su *minúsculo mundo* y, al menor detalle que le moleste del prójimo, tiene un exabrupto y se pone de mal humor.

Es necesario, por tanto, ser muy comprensivos y pacientes con las miserias y limitaciones ajenas y, más aún –siempre que no sean ofensas a Dios–, hay que tratar de querer a los demás con todo y sus defectos.

Desde luego, no es tarea fácil porque nuestro estado de ánimo suele ser variable y hay hechos que pueden colmarnos la paciencia, pero hay que intentarlo una y otra vez para, poco a poco, lograr este objetivo. No hay que olvidar que cuando hay auténtico amor éste siempre acaba ganando.

Tampoco hay que perder de vista que todos los seres humanos vinimos a este mundo con virtudes y cualidades, pero también con miserias y defectos. Entre éstos últimos existen los que se llaman *defectos dominantes*. Por ejemplo, lo más probable es que una persona cuyo temperamento es irritable, toda su vida luche por corregir este defecto. Si se esfuerza con determinación y constancia, quizá logre algunos avances pero morirá siendo colérica.

Por tanto, se concluye con facilidad que todos moriremos con nuestros defectos y cometiendo errores y fallos a lo largo de nuestro itinerario biográfico. Lo importante, entonces, es mantener una lucha personal e íntima por superarlos y mejorar cada día un poco.

Es frecuente que en varios matrimonios sobrevengan esas crisis conyugales que los llevan a la separación o incluso al divorcio. Cuando a algunos de los interesados les preguntamos los motivos de su separación, en la inmensa mayoría de los casos me he encontrado con una larga lista de pequeñas quejas que pudieron haberse resuelto con una mayor comunicación entre los esposos, con una actitud más comprensiva, tolerante y abierta, porque si algo caracteriza a la naturaleza humana es tener yerros y defectos.

En síntesis, cuando nos sintamos un tanto perturbados ante las equivocaciones ajenas, es muy útil que nos preguntemos de inmediato ¿es que yo acaso nunca me equivoco? ¿No debo ser más tolerante con el modo de ser de los demás, si quiero que ellos también sean comprensivos y tolerantes conmigo?

Las discusiones

A través de los siglos se ha demostrado que el intercambio de impresiones –en forma serena y civilizada– ha sido uno de los grandes métodos para encontrar la verdad.

Lo leemos, por ejemplo, en los *Diálogos* del filósofo griego Platón, quien recibió influencia de su maestro Sócrates. Él utilizaba con sus discípulos y sus colegas el método llamado *mayéutica* –del griego "dar a luz"– que consistía en formular preguntas para obtener algunas respuestas aproximativas y así, paulatinamente, acercarse a la verdad sobre una cuestión a considerar y reflexionar.

A lo largo de siglos de cultura, en los ambientes intelectuales se ha utilizado también esta manera de acceder a la verdad: se plantea un tema y se aportan argumentos, datos, cifras, estadísticas, etcétera. También se vierten y estudian puntos a favor y en contra para, finalmente, llegar a conclusiones, casi siempre perfectibles.

Todo esto se lleva a cabo con el afán sincero de buscar respuestas y luces claras sobre las cuestiones tratadas y siempre manteniendo un tono de cordialidad, respeto y deseo de aprender a escuchar a aquél que piensa de modo diferente. A esto se le llama cultivar un diálogo constructivo y tener apertura ante el pluralismo ideológico. Podemos afirmar que, cuando estas conversaciones se preparan y documentan, son diálogos que enriquecen al intelecto y de los cuales se suele aprender mucho.

Sin embargo, hay otro tipo de interrelaciones que terminan en desencuentros o agresiones verbales. Me refiero a cuando no se respeta la dignidad que cada persona se merece ni se pretende encontrar la verdad, sino que se cae en estériles discusiones, en actitudes tercas o necias y, como coloquialmente se dice, en que cada uno *se monte en su macho*.

Hay personas que tienen como vicio psicológico oponerse y llevar la contraria prácticamente a todo lo que los demás afirman u opinan, aun cuando se trate de asuntos banales.

Por ejemplo, si alguno afirma:

—Gilberto Ibarra tiene 35 años y es de estatura normal...

De inmediato el otro responde:

—¡¿Qué te pasa?! No creo que pase de 34, ¡y para mí que está bien chaparro!

También:

—Conocí al ingeniero Enrique Gálvez, ¡qué persona tan agradable y simpática!

En un abrir y cerrar de ojos aparece la opinión contraria:

—Pues yo lo considero una persona bastante pedante y antipática.

Otro ejemplo:

—Este fin de semana visité la ciudad de Morelia. Fui con mi familia, ¡y nos encantó por sus edificios coloniales!

Presuroso, el otro contesta:

—¡A mí me parece sucia, sin gracia y descuidada! ¡No sé cómo es que piensas que es una bonita ciudad!

Entonces es fácil que se desencadene una discusión que no conduce a nada de provecho. En varios casos, una de las partes se altera, se pone violenta y del tema en cuestión se pasa a la agresión verbal personal con comentarios como:

—¡Tú que vas a saber de arquitectura y buen gusto si no eres más que un modesto administrador!

Y el otro, para no quedarse atrás, replica:

—¡Pues, no me dirás que tú estudiaste arte en Roma y arquitectura en París!

Los que presencian la estéril discusión se ven obligados a intervenir para calmar a los rijosos. Desde luego, ellos pasan un mal rato y lo hacen pasar también a quienes presencian dicha escena. ¿Qué hacer entonces? Evitar ese tipo de peleas que no conducen a ninguna reflexión provechosa y mucho menos a la verdad.

También existen los llamados *temas gatillo*; es decir, aquellas conversaciones que alteran a determinadas personas por experiencias desagradables o recuerdos ingratos. Si, por ejemplo, a un amigo le fue mal cuando contrató los servicios de determinado abogado, sacar a colación el tema, y comentar que ese licenciado en derecho es eficaz y honesto, no deja de ser una imprudencia porque ya se sabe, de antemano, que el afectado en cuestión tendrá una explosión de carácter, se expresará mal de ese abogado y revivirá su amarga experiencia.

Hay un sabio consejo respecto de esos *temas gatillo*: no recordarlos ni volver a hablar de ellos. En términos taurinos, esto último podría concretarse en lo siguiente: si sacan en la conversación ese asunto que tanto te molesta, *¡no te vayas tras el capote!*

Es decir, hay que aprender a pasar por alto aquellos temas que nos resulten fastidiosos y cambiar, con soltura, de conversación. Un viejo amigo me contaba, con gracia, el chiste de una persona a la que le preguntaron con desatino:

—¿Y usted por qué está tan gordo? ¿Será por no discutir?

Y el robusto señor respondió con una amable y apacible sonrisa:

—¡Pues, será por eso!

El otro, con aire descreído, le comentó:

—¡No, francamente no le creo!

El robusto señor no perdió la ecuanimidad:

—¡Pues, entonces no será por eso! –y le sonrió de nuevo.

Capítulo 11

¿Se puede ser feliz cuando aparecen el sufrimiento y la muerte?

¿Cómo reaccionar ante las noticias negativas?

Hay una canción del grupo inglés The Beatles titulada *Hey, Jude*, cuya traducción dice:

> Hey, Jude,
> no reacciones mal.
> Toma una canción triste
> y cántala más alegre.

El compositor de este famoso conjunto musical, Paul McCartney, se la compuso a un niño que sufría por el reciente divorcio de sus padres.

En muchas ocasiones sucede que hay eventos que nos causan tristeza o dolor moral, o de pronto nos invaden noticias de sucesos poco alentadores que nos causan pesadumbre. Como soy comunicador, algunos amigos y familiares me preguntan qué hacer ante esa *lluvia* de malas noticias.

Lo que les sugiero es lo siguiente:

Busca, primero, las buenas noticias de los diarios, que sí las hay, aunque es verdad que debes esforzarte un poco por encontrarlas. Yo, por ejemplo, me centro en la sección económica y allí suelo encontrar información positiva sobre empresas que abrirán y crearán nuevas fuentes de trabajo; importantes inversiones que llegan a nuestro país a manera de capitales extranjeros; cadenas de tiendas que han tenido un buen año y aumentarán el número de sus sucursales, etcétera. En el terreno cultural también suele haber buenas noticias sobre conciertos, recitales, obras de teatro, libros interesantes, exposiciones museográficas y más. En la sección de espectáculos no todo es frivolidad: con frecuencia nos presentan a cantantes que triunfan en nuestro país, películas que vale la pena ver, interesantes series de televisión, nuevos actores y compositores de calidad que están surgiendo, etcétera.

¿Pero qué decir de todo ese cúmulo de terribles noticias de la primera sección nacional o internacional? Yo acostumbro leerlas muy por encima y luego trato de olvidarlas. No es que con esto recomiende que ignoremos la realidad circundante ni que no nos interesen todos esos asuntos. Sólo considero que no vale la pena que un suceso nos amargue el día o la semana, sobre todo porque la solución está fuera de nuestras manos.

¿Y cuando la muerte nos sorprende?

Un hecho sacudió a mi familia en fecha reciente: en menos de un mes fallecieron mi madre y mi hermana mayor. Estaban delicadas de salud, pero, desde luego, nadie imaginaba que fueran a morir de un modo tan inesperado. A mi madre sencillamente dejó de latirle el corazón una mañana, poco antes de levantarse. A mi hermana Yoli le sobrevino una incontrolable taquicardia, junto con otras serias complicaciones, y a los pocos días también falleció.

Como era de esperarse, a todos en la familia nos afectó, pero en particular a mi hermana menor. Ella estudió la carrera de comunicación y ha tenido éxito en su trabajo. Quizá lo que más la caracteriza es su nobleza de corazón, su espíritu de servicio y, sobre todo, su excelente buen humor. Siempre ha sido la alegría de la casa, y cuando nos reunimos los hermanos, familiares o amistades, es capaz de pasarse un par de horas contando un chiste tras otro sin parar. Sin embargo, ante estos inesperados fallecimientos, por su especial sensibilidad se sumió en un estado de profunda tristeza y melancolía. También se aisló de sus amistades y no lograba recuperarse de ese estado de pesadumbre. Cuando la animaba a salir y a distraerse, me comentaba:

—No tengo humor para nada; prefiero quedarme sola en casa.

Mis hermanos y yo llegamos a temer que cayera en un estado de depresión nerviosa y que tal vez necesitara que un médico le recetara algún antidepresivo con el fin de mejorar su estado de ánimo. No obstante, lo que la hizo cambiar de actitud fue:

1. Insistirle que si nuestra madre y hermana vivieron como buenas católicas, y se prepararon para bien morir, seguro que ya gozaban de la presencia de Dios y se encontraban felices; ¿por qué entonces tenía ella que estar encerrada en su casa, desanimada y tan abrumada por el pesimismo?
2. Si por temperamento es alegre, laboriosa y entusiasta, le recomendamos que regresara cuanto antes a su trabajo habitual, y que asistiera de nuevo a las reuniones con sus primas y amigas a tomar el tradicional café vespertino y a contar divertidos chistes, como era su costumbre.

Al principio, sus amigas fueron quienes tuvieron la caridad de invitarla a salir y relatarle sucesos cómicos y noticias divertidas que la reanimaran. Luego, poco a poco, por iniciativa propia se animó a ir al cine y al teatro, a dar paseos y a volver a contar historias graciosas.

Gracias a Dios, no necesitó ningún médico ni tomar medicamentos: bastó con que recuperara su ritmo normal de actividades y, sobre todo, su buen ánimo.

En la última reunión familiar que tuvimos en mi natal Sonora, alrededor de un asador con la típica carne asada norteña, frijoles maneados (con queso y chorizo) y acompañando la comida con las tradicionales cervezas, en cuanto la vio llegar una de mis primas se adelantó a preguntarle:

—¿Recibiste los libros de cuentos y chistes que te mandé por mensajería?

—Sí –le contestó– y ya casi terminé de leerlos todos. Pero tú ya los habrás leído antes, ¿no?

—Sí, están muy divertidos y traen chistes buenísimos. ¿Por qué no nos cuentas ahora algunos de los que más te gustaron?

—Pero si ya los leíste, ¿por qué quieres que vuelva a contártelos?

—¡Ay! ¡Porque leerlos así nomás no tiene ningún chiste! Lo divertido es cómo tú los cuentas y los actúas, ¡nos morimos de risa!

—Bueno, voy a empezar con algunos, pero tú también cuenta aquéllos de los que te acuerdes…

Y comenzó a relatarlos con su consabida gracia. A los pocos minutos era el centro de atención y diversión de todos los familiares reunidos. Yo pensé: "No cabe duda de que mi hermana ya está curada de su melancolía y aguda tristeza". Como dice aquella conocida frase: *La risa es un remedio infalible,* ¡y, desde luego, no falla!

Mirar el lado alegre de la vida

Viene a mi mente el recuerdo de un amigo mío, arquitecto ya entrado en años, que tenía la buena costumbre de cargar siempre con una libretita porque en cuanto escuchaba algún buen chiste me decía:

—Permíteme, voy a anotar este chiste porque me parece muy bueno.

—¿Y qué haces con esa larga lista de cuentos que llevas escritos?

—Muy sencillo: todas las semanas voy a visitar a mi tío que está solo y un tanto triste por el hecho de vivir en un asilo. Contarle chistes es un modo práctico de levantarle el ánimo. También, como mis familiares y amigos son mayores, nunca falta que alguien se enferme y vaya a parar al hospital; entonces, en vez de platicar acerca de sus dolencias y achaques, para que piensen en otra cosa comienzo a relatarles chistes, ¡y hasta se les pasan las molestias! Es más, me piden que no me vaya, ¡que les narre más cuentos! De igual manera, me da pena –continuaba– que en el edificio de departamentos donde vivo hay un policía de guardia. Me doy cuenta de que se aburre durante todo el día porque no tiene gran cosa que hacer, así que de vez en cuando le digo algún chiste por la mañana, al salir a mi trabajo y, cuando regreso, me dice el policía: "¡Todo el día me reí de lo que me contó! ¡Qué buen chiste! Se lo voy a relatar a mi esposa y a mis hijos".

Sin duda, ésta es una manera fina y delicada de vivir la caridad con los demás, un modo de alegrarles la vida para hacerles más amable su trabajo o su enfermedad.

Aclaro que no me refiero a esa alegría superficial, ligera, de la risotada hueca. Un santo que gozó de magnífico humor, san Josemaría Escrivá de Balaguer, aunque sufrió mucho por padecer serias enfermedades e incomprensiones durante su vida, nos presentó las raíces profundas de este estado de ánimo cuando escribió:

La alegría que debes tener no es ésa que podríamos llamar fisiológica, de animal sano, sino otra sobrenatural
que procede de abandonar todo y abandonarte en los
brazos amorosos de nuestro Padre Dios.[15]

¿Cómo sobrellevar el dolor y el sufrimiento?

Una pregunta derivada de esta reflexión es la siguiente:
¿podemos conservar la alegría en medio del dolor, de
los padecimientos morales, de los apuros económicos o
materiales, de una grave enfermedad?

Sin duda es arduo de comprender ya que no se
puede negar que el dolor, en efecto, *duele* y, en ocasiones, mucho porque en el paso por esta vida no faltan los
tragos amargos, las duras pruebas, y porque todos hemos experimentado situaciones difíciles y desagradables. No hay un solo ser humano que pueda afirmar –sobre todo si es una persona mayor–: "¡Yo jamás he sentido
lo que es el dolor, el sufrimiento o las molestias físicas!"

En nuestra sociedad se exalta el placer y se vive el
materialismo hedonista a ultranza; basta con echar un
vistazo a ciertos medios de comunicación que nos presentan un mundo de ficción que no corresponde a la
realidad cotidiana. Lo habitual es que los seres humanos
experimentemos el placer y el bienestar, pero también la
desazón, la insatisfacción, el dolor o el malestar.

[15] *Ibidem*, p. 659.

¿Qué hacer entonces si, por ejemplo, padecemos una enfermedad crónica e incurable? ¿Amargarnos la vida? ¿Preguntarnos una y otra vez por qué precisamente a nosotros nos tocó sufrir y no al vecino que vive en la acera de enfrente?

He leído numerosos libros y ensayos a este respecto. Algunos recomiendan simplemente aceptar la enfermedad con resignación. Eso mismo decía, hace muchos siglos, el filósofo Zenón de Citio, iniciador de la escuela *estoica* quien afirmaba que "el hombre debe aceptar esa fatalidad universal". Para esta corriente de pensamiento, las pasiones son impulsos que por su desmesura alteran el orden interior de una persona y son engañosas. El sabio deberá dominarlas a través de no desear nada agradable, de acoger con frialdad el dolor y, sobre todo, de ser imperturbable. Ésta es la llamada apatía estoica.[16]

Este tipo de enfoques siempre me han parecido fatalistas y reduccionistas porque no contemplan al ser humano en su totalidad ni van de acuerdo con la naturaleza humana que busca y ansía la felicidad. ¿Cómo visualizar, entonces, el problema del sufrimiento humano de manera correcta?

La gran respuesta la da el cristianismo y es ésta: Jesucristo padeció y murió por amor a nosotros, por cada mujer y cada hombre de todos los tiempos, y se dejó clavar en una cruz.

---

[16] Rafael Gambra, *Historia sencilla de la filosofía*, México, Minos III Milenio Editores, 1986, pp. 86-90.

De forma unánime, los teólogos afirman que, al ser "perfecto Dios y perfecto hombre", su sufrimiento fue el mayor que un ser humano haya podido soportar, no sólo en lo físico sino también en lo moral, puesto que cargó y sufrió hasta lo indecible para purificarnos de nuestros pecados mediante su vida de trabajo como artesano y con el indescriptible dolor de su pasión y muerte. Cargó con los pecados de los hombres, desde el pecado original de Adán y Eva hasta los de las personas que pequen en el final de los tiempos. De esta manera redimió a la humanidad entera y nos abrió las puertas del cielo.

A partir de ese momento, tan trascendental en la historia del género humano, el dolor ha dejado de ser una maldición, un hecho desafortunado, para convertirse en el camino de salvación de los humanos y el trono desde el cual reina Jesucristo crucificado.

Dicho en otras palabras, un enfermo desde su lecho puede ofrecer todos sus sufrimientos por su esposa, por sus hijos y familiares, por el papa, por la Iglesia, por la santidad de los sacerdotes, porque haya cada vez más vocaciones a la vida religiosa, sacerdotal y misionera; también para que muchos ciudadanos laicos encuentren, a través de su trabajo cotidiano, su camino de santidad y apostolado en medio del mundo, recristianizando las estructuras temporales; de igual forma, un enfermo puede orar por su país, por la paz del mundo, por la conversión de los pecadores ¡y por muchas cosas más!

Si el enfermo se une a los sufrimientos que tuvo Cristo en la cruz, también ejecuta una silenciosa pero eficaz labor como colaborador en la redención del mismo Salvador. He visto morir a muchos enfermos con esta convicción de unirse a la cruz del Salvador, que hallan gran paz y alegría en medio de tremendos dolores.

El caso del prestigiado científico Francis Collins

El connotado científico Francis S. Collins trabajó en el proyecto del genoma humano y ha recibido numerosos reconocimientos por sus valiosas investigaciones genéticas, entre ellas la del entonces presidente de Estados Unidos, William Clinton.

Collins relata en su libro *El lenguaje de Dios*[17] que durante su etapa universitaria perdió la fe y se volvió ateo. Sin embargo, dos causas fundamentales lo ayudaron a retornar a su fe religiosa:

1. Antes de ser médico especialista en genética había estudiado matemáticas. Amaba profundamente el rigor científico. Al estudiar el ADN, el ácido ribonucleico y el origen de las proteínas, le sorprendieron los rigurosos procesos matemáticos que había dentro de ese maravilloso microcosmos, así como su orden y armonía. Como era un científico honesto, concluyó: "¡Necesariamente debe haber un Gran Ordenador, una Inteligencia Superior a la de

---

[17] Francis S. Collins, *El lenguaje de Dios*, Madrid, Planeta, 2007.

los humanos por todo este mundo asombroso que observo!"

2. Cuando atendía a sus pacientes terminales, le llamaba mucho la atención de forma especial en las personas creyentes la paz y tranquilidad con que enfrentaban la enfermedad hasta su muerte.

En cierta ocasión, ante la agonía de una ancianita que sufría pero con una alegría serena, le preguntó si era consciente de que pronto moriría y agregó:

—Veo que usted no le tiene miedo a la enfermedad ni a la muerte, ¿por qué?

Aquella mujer le respondió apaciblemente:

—He procurado vivir bien mi religión y la muerte para mí es un paso hacia la felicidad eterna, un cambio de esta morada temporal a mi casa permanente del cielo. Si voy al encuentro con mi Padre-Dios, quien me espera con enorme cariño y afecto, ¿por qué he de temer la muerte? –a continuación la paciente le preguntó–: ¿Y usted cree en Dios?

En su interesante testimonio, el científico Collins comenta que aquella sencilla pregunta de la mujer agonizante tuvo en él la fuerza de *una bomba expansiva* que lo condujo a volver a la práctica de su fe, y a comprender el sentido profundo del dolor y de la enfermedad.

¿Cómo enfocar adecuadamente las molestias normales?

Dejando de lado esos casos extremos, las enfermedades que catalogamos dentro del rango normal, como un resfriado, un dolor de cabeza, una ligera indigestión, o bien, un contratiempo que tuvimos en nuestra familia, un imprevisto que nos hizo llegar tarde a una cita, un malentendido con el jefe en el trabajo, etcétera, son también ocasiones para que, en vez de disgustarnos y perder la tranquilidad, podamos ofrecérselos a Dios con toda paz.

En cierta ocasión fui temprano a visitar a un amigo enfermo en el hospital. Es un buen católico y su padecimiento no revestía ninguna gravedad. Su esposa me comentó en el pasillo, antes de entrar a verlo en su habitación, que había pasado muy mala noche por diversas molestias; que tuvieron que ponerle una sonda en la madrugada porque no podía orinar, que había amanecido con fiebre, y que desde temprana hora le habían pinchado una vena para sacarle sangre y realizar diversos estudios médicos.

Entré al cuarto y mi amigo tenía el semblante tranquilo. Me saludó con efusividad:

—Mi querido amigo, ¡ya me imaginaba que vendrías a visitarme! ¡Qué bueno es verte por aquí! ¿Cómo están por tu casa? ¿Todos se encuentran bien? ¿Cómo van los asuntos en tu trabajo?

Confieso que, de entrada, me impresionó su buen ánimo. Me ha tocado visitar enfermos que lo primero que hacen es lanzarte una larga enumeración de todas sus molestias, achaques y dolores. Eso está bien porque sienten la imperiosa necesidad de comunicar sus malestares a alguien de confianza y eso les sirve de consuelo. Por ello, es importante saber escuchar a los enfermos con cariño e interés y permitir que se desahoguen con nosotros todo el tiempo que lo necesiten. Es una obra de misericordia y de servicio para el prójimo, que agradecen infinitamente.

Pero con este enfermo en concreto me llamó la atención que no sólo omitió el parte médico de su estado de salud, sino que se interesó vivamente por mi familia y mi trabajo. Incluso me pidió que le detallara algunos aspectos concretos de mi actividad diaria. Me pareció correcto interrumpirlo y preguntarle:

—Pero, en primer lugar, dime cómo te encuentras tú. ¡Para eso he venido a visitarte!

—Mira –me respondió–, son pequeños achaques sin importancia y lo mejor es obviar este tema, ¡es tan aburrido y poco elegante hablar siempre sobre uno mismo! ¿No te parece? Así que dame, por favor, noticias *frescas* de tu familia y tu trabajo. De esa manera me ayudarás a olvidar que estoy en un hospital y, además, me darás motivos para rezar por todos ustedes.

Me dejó muy impresionado su respuesta, así que atendí a su petición. Estábamos metidos en una amena conversación cuando entró una enfermera y le dijo al paciente:

—Me da mucha pena, pero fíjese que no salieron bien sus análisis. Tengo que volver a pincharle la vena para sacar sangre y mandarla cuanto antes al laboratorio.

Intuyo que, de forma involuntaria, hice gesto de compasión por este detalle fastidioso que, junto con todo lo que me había relatado su mujer, ya me parecía demasiado. De inmediato, mi sonriente amigo se apresuró a comentarme:

—No te preocupes por esto, que ya lo tengo todo considerado –cuando se retiró la enfermera, me aclaró un poco más–: Desde que estoy internado aquí, lo primero que hago por las mañanas es ofrecer a Dios absolutamente todas las molestias y los dolores; los previstos y los imprevistos, como éste último, por ejemplo. ¿Sabes? ¡Actuar así todos los días me da mucha paz!

Pensé que era un excelente consejo no sólo para las enfermedades, sino para las situaciones más normales de nuestra existencia: aprender a entregarle a Dios –desde las primeras horas del día– los pequeños sinsabores, malestares, contrariedades y situaciones desagradables; en suma, ¡ofrecerle al Señor, con buen humor, esos pequeños alfilerazos de la vida cotidiana! Humanamente templan el carácter y nos hacen crecer en fortaleza y madurez.

Capítulo 12

La enriquecedora experiencia de saber apreciar la belleza estética

No todo en esta vida se reduce a los dictados de la razón. El hombre está compuesto de materia y espíritu; tiene la capacidad de raciocinio pero también de sentir emociones.

A veces sucede que los seres humanos descuidan una importante faceta de su vida: los sentimientos. Todos hemos nacido para dar amor y cariño y, lógicamente, nos gusta también recibirlos. Por ello, el filósofo Blaise Pascal escribió este célebre pensamiento: "El corazón tiene razones que la razón no comprende". Sin embargo, se requiere que esos sentimientos sean gobernados por la razón para no caer en lamentables errores ni en *sentimentalismos* melosos.

En nuestro tiempo –de forma especial en algunos sectores de la sociedad– se encumbra en forma desproporcionada a la razón, a sus logros y a sus alcances. No obstante, existe otra rica y profunda realidad que es el mundo de las expresiones artísticas, a través de la música, de la literatura, de la danza, de la oratoria, de la belleza pictórica, del teatro, del buen cine, etcétera.

Por ello, para conservar la estabilidad de ánimo y el equilibrio interior, en primer lugar, hay que estar emocionalmente bien, en armonía con nosotros mismos y con los demás. En segundo lugar, es conveniente mantener ese contacto con el arte porque nos enriquece y da una particular plenitud al alma.

¡Cuánto bien hace al espíritu, por ejemplo, escuchar una sinfonía de Beethoven, Mozart, Schubert; o la música y los cantantes de nuestra preferencia; un concierto de Chopin o de Rachmaninoff; leer obras literarias de Dante, Cervantes, Shakespeare, Tolstoi o Dostoievski; o esos bellos y sonoros poemas de Rubén Darío, Alfonso Reyes, Octavio Paz o del místico San Juan de la Cruz; admirar unas pinturas de Goya, Velázquez, El Greco, Sorolla, Tamayo o Dalí; asistir al teatro a presenciar el ballet clásico de Tchaikovsky o una ópera de Verdi o de Bizet!

En este mismo sentido, hay obras artísticas en el arte cinematográfico que no sólo trasmiten bellas emociones, sino que contienen importantes y profundos valores y mensajes. Tal es el caso de la película titulada *Los coristas*, de la cual me parece que podemos extraer interesantes enseñanzas.

Pienso que este filme –estrenado en 2004 y dirigido por el cineasta francés Christophe Barratier– se encuentra al lado de las grandes películas clásicas del cine, como *Lo que el viento se llevó*, *Casablanca*, *Ben-Hur*, *La vida es bella*, *Los miserables*, *Mi bella dama*, *Al maestro con cariño*, *El señor de los anillos*, *Las crónicas de Narnia* y tantas más.

¿Por qué? Porque logra un perfecto equilibrio entre el fondo y la forma; entre su hondo contenido y su presentación plástica; entre un guion bien elaborado, el manejo atinado de su fotografía y su impactante música de singular belleza.

La historia se desarrolla en la escuela correccional Fond de l'Etang en 1949. Eran los años en que todavía se resentían en Francia los efectos de la Segunda Guerra Mundial por la escasez de alimentos, la pobreza y la carestía general.

La vida cotidiana en aquel colegio estaba llena de privaciones: los alumnos no estaban bien alimentados, las instalaciones materiales eran bastante modestas y de mal gusto, había un hacinamiento de alumnos tanto en las aulas como en los dormitorios. Abundaban en esa correccional los llamados *niños problema*.

Por si fuera poco, Rachin, el director de la escuela, junto con el maestro Chabert, empleaban una equivocada pedagogía de castigos corporales de manera estricta y sádica. Ellos la denominaban *la técnica de la acción-reacción*. Es decir, a la menor muestra de indisciplina o desorden por parte de los alumnos, se aplicaban severas medidas punitivas para controlar la situación escolar. Era claro que esos métodos resultaban poco efectivos, o mejor dicho, francamente contraproducentes porque provocaban mayor rebeldía, descontento, resentimientos y deseos de venganza de los niños y adolescentes hacia sus profesores.

Un buen día llegó a la escuela un nuevo maestro de música: Clément Mathieu, quien organizó un coro de inmediato. Este profesor no compartía en absoluto los métodos del director Rachin y, por su cuenta, decidió iniciar otros caminos pedagógicos alternativos: se enfocó en conocer mejor a las personas; quiénes y cómo eran ellas y sus familiares, qué rasgos biográficos tenían, de qué familias procedían, por qué habían ido a parar a una escuela correccional, etcétera. A partir de esa información inició una labor amistosa de seguimiento y empatía con cada uno de sus alumnos.

El maestro Mathieu poseía un gran talento como profesor: era sumamente paciente, y sabía sacar los mejores talentos de sus pupilos, también, descubrir que, dentro de las normales miserias y equivocaciones de la naturaleza humana se encuentra –en el fondo de cada corazón– ese ser humano que anhela la superación personal, desea perfeccionarse y aspira a ser mejor.

El profesor dirigió su camino pedagógico por medio de la música. Los alumnos, al experimentar la vivencia de la belleza coral, entraron en contacto con la sublimidad y el misterio de la grandeza humana. Al fusionarse con la estética, los estudiantes se percataron de que también podían mejorar como alumnos, como hijos, como hermanos y como amigos.

Así, el maestro Mathieu moldeó a cada uno de esos pobres y abandonados corazones infantiles como la labor que realiza el hortelano, quien conoce cuándo sus plantas necesitan ser podadas o fertilizadas; en qué momento requieren que se les quiten las hierbas, las espinas o la maleza para su mejor crecimiento; sabe estar pendiente, día con día, de su desarrollo y de lo que les hace falta.

A la vuelta de algunos meses, con este cuidadoso trabajo del profesor, vinieron los frutos y logró una verdadera transformación en la mayoría de sus alumnos. Descubrió, por ejemplo, que Pierre Morhange poseía una voz privilegiada y un especial don para la música. No dudó en animar a su madre, Violette, para que lo inscribiera en el Conservatorio de Música de Lyon y se ofreció personalmente a realizar las gestiones necesarias para lograr ese objetivo.

De igual forma se ganó la confianza y el cariño de sus alumnos y para todos tenía unas palabras de aliento y entusiasmo. No se desanimaba si algunas veces no aprendían bien una lección. Repetía una y otra vez sus conocimientos hasta obtener resultados verdaderamente sorprendentes.

El maestro logró transformar a ese montón de alumnos revoltosos e indisciplinados en buenos estudiantes y mejores personas. El cambio operado por el profesor Mathieu produjo no pocas envidias entre otros colegas, de forma particular en el director Rachin, quien con un pretexto trivial –que el maestro de música decidió llevar a sus alumnos de paseo por el campo– lo despidió injustamente del plantel.

La historia concluye bien porque, aunque Mathieu tiene que marcharse de la escuela, ya había ejercido una maravillosa influencia en cada uno de esos niños.

Lo importante es que les indicó el sendero de los ideales nobles del corazón. Cumplió su misión como maestro porque les abrió nuevos e insospechados horizontes y les brindó lecciones útiles para toda la vida.

Además, el maestro se llevó a su casa al pequeño Pépinot, quien anhelaba vehementemente tener unos padres y fantaseaba con que un día su padre o su madre, ya fallecidos, vendrían por él para sacarlo de la correccional y llevárselo a casa. Mathieu se percata de esta dramática situación, y decidió adoptarlo y quererlo como a su propio hijo.

El filme inicia con el éxito profesional de su antiguo alumno, Pierre Morhange, quien gracias a la acertada ayuda de su profesor Mathieu, aunada a su personal dedicación y su destacado talento musical, se convierte en un brillante director de orquesta de prestigio internacional.

Al final de la película, Pierre y Pépinot recuerdan diversas anécdotas de su querido profesor Mathieu, quien transformó su vida y les mostró nuevos caminos para superarse como personas.

Los coristas es un hermoso canto a la nobleza del corazón humano, tanto del profesor que se entrega de forma abnegada a la formación de sus pupilos como de los magníficos resultados que pueden obtenerse con los alumnos cuando se les sabe educar y ayudar oportunamente, con aprecio, paciencia y cariño.

En resumen, esta obra maestra del cine nos sirve para constatar que el ser humano perfecciona su naturaleza y consolida sus ideales más sublimes cuando entra en contacto con esa otra dimensión que sólo captan los sentidos y produce un enorme gozo espiritual: la belleza estética.

Capítulo 13

Sir Tomás Moro.
Un admirable ejemplo
de valentía, congruencia
y sentido del humor

Un imborrable recuerdo infantil es contemplar en algunas iglesias esas imágenes o esculturas, en madera o yeso, de santos con los rostros severos y la tez pálida; algunos con caras de sufrimiento o de dolor que casi siempre transmitían tristeza. Otros externaban un aire demasiado angelical, al punto de que no parecían seres de carne y hueso.

Me quedaba siempre con la impresión de que eran santos para admirar, pero no para imitar en la vida ordinaria de un cristiano porque semejaban mujeres u hombres extraordinariamente místicos y espirituales, y yo me sentía a *años luz* de poder imitarlos.

Con el tiempo y un buen número de lecturas de biografías de santos he llegado a la conclusión de que esa apreciación de mi infancia estaba equivocada y fuera de la realidad porque estos admirables personajes, que la Iglesia venera y pone como modelos eran –en la casi totalidad de los casos– mujeres y hombres normales: con sus luchas, sus defectos dominantes, sus vencimientos o sus derrotas. Sin embargo, siempre rectificaban sus yerros, se corregían y se empeñaban con todas sus fuerzas en mejorar cada día un poco.

Hay un libro titulado *Los defectos de los santos,* escrito por el presbítero Jesús Urteaga,[18] que muestra, en una acertada selección de personajes, la caracterología de algunas vidas ejemplares. Pone énfasis en que los santos, además de sus notables virtudes, tenían también imperfecciones y limitaciones.

Año con año, el 22 de junio la Iglesia conmemora al santo Tomás Moro.[19] Nació en 1477, fue un abogado y conocido escritor, esposo y padre de familia ejemplar. Es un santo por el que siento una especial simpatía ya que tenía un considerable prestigio profesional, honradez como cristiano y un envidiable sentido de humor.

Fue contemporáneo del rey de Inglaterra Enrique VIII. Ambos llevaban una buena amistad pues se conocían y trataban desde la infancia. Como Tomás poseía una inteligencia privilegiada y un gran talento para gobernar, poco a poco Enrique VIII le asignó puestos de mayor responsabilidad.

Tomás era prudente, sabio y muy leal al rey, así que éste decidió darle un cargo de suma importancia en Inglaterra: gran canciller del reino. Dicho en términos coloquiales, *el segundo de a bordo* en poder político y con la facultad de tomar importantes decisiones en el

---

[18] Jesús Urteaga, *Los defectos de los santos*, México, Minos III, Milenio Editores, 2009.

[19] Andrés Vázquez de Prada, *Sir Tomás Moro. Lord canciller de Inglaterra*, Madrid, Rialp, 1999.

gobierno del Reino Unido ante la ausencia temporal de su majestad.

Estudió derecho, pero también se interesó mucho por la filosofía y la cuestión social. Era un intelectual reconocido internacionalmente y tenía particular amistad con muchas de las grandes figuras del Renacimiento; entre ellas, Erasmo de Rotterdam.

Tomás escribió un libro célebre, *Utopía,* en el cual planteó algunas soluciones para que en la sociedad de su tiempo hubiera una mayor justicia social y distribución de la riqueza, siempre con un trasfondo cristiano. Este libro sirvió de inspiración a muchos católicos para tratar de llevar a cabo sus ideas, por ejemplo, en el continente americano.

Vienen a mi memoria dos grandes luminarias que aplicaron sus principios: Vasco de Quiroga en Michoacán y Eusebio Kino en los territorios del norte de Sonora y sur de Arizona.

Todo iba muy bien en la vida y en el desempeño profesional de Tomás Moro, hasta que el rey Enrique VIII exigió a la Santa Sede la anulación de su matrimonio con Catalina de Aragón. El papa no se la concedió, el monarca se disgustó profundamente y se empeñó en casarse con Ana Bolena. Entonces, el rey rompió relaciones con la Iglesia católica y decidió fundar su propia iglesia: la anglicana, con lo cual negó toda autoridad al romano pontífice.

En 1534 el rey exigió a todos los ciudadanos con edad legal que prestaran juramento al Acta de Sucesión, en la cual se reconocía como matrimonio legítimo su unión con Ana Bolena. Mediante este juramento los súbditos abjuraban el catolicismo y se incorporaban a la nueva iglesia anglicana.

Como era de esperarse, *sir* Tomás Moro no asistió a la boda –a pesar de las insistentes presiones del monarca y de sus súbditos– ni rindió juramento a dicha acta.

Después de largas conversaciones con Enrique VIII para persuadirlo de su errónea decisión, al ver que éste no rectificaba su postura y ante el desarrollo de los acontecimientos, cada vez más radicales y antipapistas del soberano, Tomás decidió renunciar a su alto cargo de gran canciller.

Poco tiempo después y como venganza, el rey lo mandó encarcelar en la Torre de Londres. Tomás Moro murió decapitado en el año de 1535.

En la cárcel sufrió todo tipo de escarnios y desprecios por parte de personajes palaciegos, de hombres influyentes en la vida política de su país, y hasta de su propia esposa, otros familiares y supuestos amigos.

No obstante, Tomás tenía la firme convicción de que había que ser leal y obediente. Repetía con frecuencia que, ante todo y en primer lugar, tenía que serle fiel a Dios y al papa por encima de la autoridad real.

Desde su cautiverio escribió una excelente obra titulada *La agonía de Cristo*, que constituye un conjunto de meditaciones espirituales sobre la pasión de Nuestro Señor Jesucristo y que le sirvieron de gran ayuda y consuelo para salir anímicamente victorioso en esa tremenda prueba.

Hay un rasgo de su personalidad que me resulta atrayente: nunca perdió su buen humor, aun en las circunstancias más dramáticas. Por ejemplo, cuando sus hijos o su mujer se quejaban por las dificultades y contrariedades comunes, Tomás les decía que no podían pretender "ir al cielo en un colchón de plumas".

Se necesita una verdadera santidad y una alegría hondamente arraigada en Dios para escribir los siguientes versos, viviendo en una lúgubre cárcel donde lo alimentaban con pan y agua, y con carencia casi total de bienes materiales:

Señor, dame una buena digestión
y, naturalmente, algo que digerir.
Dame la salud del cuerpo
y el buen humor necesario para mantenerla.
Dame un alma santa, Señor,
que tenga siempre ante los ojos lo que es bueno y puro.
De modo que, ante el pecado, no me escandalice,
sino que sepa encontrar el modo de remediarlo.
Dame un alma que no conozca el aburrimiento,
los ronroneos, los suspiros o los lamentos.
Y no permitas que me tome demasiado en serio
esa cosa entrometida que se llama el *yo*.
Dame, Señor, el sentido del humorismo.
Dame el saber reírme de un chiste
para que sepa sacar un poco de alegría a la vida
y poder compartirla con los demás.

Gracias a su hija Margarita y a su yerno William Roper, se conservan numerosas cartas y testimonios que en mucho contribuyeron a su proceso de canonización.

En su camino al cadalso, donde sería decapitado, tuvo varios detalles significativos. A su hija Maggy le dijo: "Adiós, mi querida hija. Reza por mí, que yo lo haré por ti y por tus amistades para que con alegría nos encontremos en el cielo".

Hasta el último día de su vida rezó con devoción por Enrique VIII y su conversión. En la cuesta de Tower Hill echó mano de un bastón para aligerar el esfuerzo. Poco más arriba se alzaba el cadalso, mal armado y un tanto endeble. Moro miró con recelo los peldaños por los que tenía que encaramarse al tablado y, al poner el pie en uno de los travesaños, vio que le faltaban energías, pero no perdía su alegría y su semblante animoso.

Con mucha decisión tiró el báculo, solicitó el apoyo del lugarteniente y le dijo: "Ayúdame a subir con seguridad, que en cuanto me corten la cabeza yo sabré bajar por mis propios medios".

A continuación se puso de rodillas, pidió perdón por sus faltas y rogó a Dios para que su rey renunciara a sus desvaríos, dejando en claro que moría por ser buen servidor de Su Majestad. A todos los que intimaban con él les insistía en que primero había que obedecer a Dios, antes que a los hombres.

El verdugo encapuchado que iba a ajusticiarlo se encontraba muy conmovido y le pidió perdón de rodillas, sabiendo que iba a matar a un individuo santo e inocente. Entonces, Tomás le dijo con buen humor: "¡Ánimo, hombre! No tengas miedo de cumplir con tu oficio. Además, mi cuello es muy corto. Cumple tu tarea con acierto y no me des de lado, para que quede bien a salvo tu honradez".

El ejecutor quiso vendarle los ojos, sin embargo, Moro se cubrió el rostro con un pañuelo que llevaba consigo. Se reclinó despacio y colocó la cabeza sobre el tajo pero, al quedársele prendida la barba entre la garganta y el madero, advirtió al verdugo: "Por favor, déjame que pase bien la barba por encima del tajo, no sea que me la cortes".

Sus familiares y amigos lloraban muy conmovidos ante esta dramática situación, y Tomás Moro les dijo con gran serenidad y visión sobrenatural: "Nada puede pasarme que Dios no quiera. Y todo lo que Él quiere, por muy malo que parezca, es en realidad lo mejor. Estoy seguro de que en el cielo nos veremos otra vez alegres, con la certeza de vivir y amarnos en la dicha eterna de la bienaventuranza".

Después de su martirio, su fama de santidad se extendió con rapidez por todo el mundo occidental. En 1886 fue beatificado, y el 9 de mayo de 1935 el papa Pío XI declaró santo a este insigne abogado y político inglés.

Santo Tomás Moro es hoy una de esas figuras históricas que atraen a la humanidad por encima de los credos y de las divisiones políticas. Murió mártir por la unidad de la Iglesia, por la supremacía de los pontífices de Roma (legítimos sucesores de San Pedro) y por ejercer sus derechos ciudadanos. Su fortaleza y libertad de espíritu fueron admirables, unidas a un enorme carácter

humano y comprensivo, lleno de buen humor y joviali-
dad, tan propios de los hombres de Dios.

Sir Tomas Moro constituye, sin duda, un ejemplo
vivo y permanente en los seres humanos de nuestro
tiempo para saber conservar la alegría, aun en medio de
las circunstancias más adversas.

Capítulo 14

¿Por qué hay cosas que nos hacen reír?

Hay detalles que actúan como disparadores de la risa. El filósofo francés Henri Bergson escribió un ensayo bastante revelador a este respecto.[20] Nosotros los hemos visto en muchas películas de los cómicos clásicos. Enumero algunos de estos elementos que causan hilaridad:

La confusión

Recuerdo un filme de Charles Chaplin en el cual se enamora perdidamente de una bella joven. Ambos realizaban el duro trabajo de jornaleros. Un día, el protagonista decide confesar sus sentimientos a la amada y con los ahorros de varios días de salario le compra un hermoso ramo de rosas.

---

[20] Henri Bergson, *La risa. Ensayo sobre el significado de la comicidad*, Buenos Aires, Espasa Calpe, 2011.

Sentados en la banca de un solitario porche de una casa campirana, Chaplin se pone de rodillas ante la chica, la toma de las manos y le dirige con emoción un largo discurso amoroso. Deja el ramillete, sin que ella se percate, detrás de un paragüero. Terminada su declaración, distraídamente estira el brazo hacia atrás y, en vez de tomar el ramo de bellas flores para entregárselo, ofrece a la chica un viejo y rasgado paraguas. Ella lo mira con desconcierto. Enseguida el actor se percata de su error y le entrega las flores. La mujer las toma con beneplácito y sonríe. Sin embargo, le responde que necesita pensarlo detenidamente porque es una decisión importante y entonces le regresa el ramillete. Chaplin, desilusionado, lo deja de nuevo en la banca y, de espaldas, lo coloca junto al paragüero.

Pero el cómico no se da por vencido y vuelve a la carga para externarle el gran cariño que desde hace tiempo siente por ella, pero esta vez con mayor insistencia y determinación, hasta que la chica acepta ser su novia. Emocionado, Chaplin estira la mano hacia donde estaban las flores y por equivocación toma un *bat* de béisbol, que estaba también dentro del paragüero, y se lo ofrece a la joven. Ella, visiblemente asustada, huye a toda prisa ante la sorpresa del enamorado.

Lo inesperado

En una película de *El Gordo y el Flaco* se encuentran los dos cómicos en un restaurante, sentados frente a frente ante unas mesitas alargadas y muy angostas. *El Gordo* le pregunta a *el Flaco*, mientras éste se disponía a tomarse un enorme vaso de malteada:

—¿Qué hora es?

El Flaco, con evidente torpeza, gira su muñeca para mirar la hora en su reloj y vierte todo el contenido del vaso sobre sus pantalones. A *el Gordo* le entra un ataque de risa. *El Flaco* se levanta, se limpia con una servilleta, se agita, llora, hace su berrinche, y *el Gordo*, apenado por haberse burlado, le pide una sincera disculpa.

Se sientan de nuevo los dos. El mesero les trae un par de grandes hamburguesas. Empiezan a comérselas con apetito y conversan de otros temas, pero *el Flaco* no olvida el incidente y, de algún modo, quiere la revancha, así que, pasado un cierto tiempo, le comenta a *el Gordo* que no se explica por qué su reloj se ha detenido y le pregunta –mañosamente– por la hora, justo en el momento en que el otro comienza a beberse un gran vaso de refresco con hielos.

El Gordo mira su muñeca, pero, como usa la carátula del reloj al revés, gira su mano hacia adelante para ver la hora y, sin que sea su intención, vierte todo el contenido del frío líquido sobre las ropas de *el Flaco*, quien pega un salto de sorpresa y de disgusto con esta segunda mojada, para luego salir furioso del restaurante ante la risa incontenible de *el Gordo*.

Lo ridículo

Seguramente todos recordamos aquellas memorables películas de *Cantinflas* cuando bailaba un danzón, colocado en el centro de la pista con una elegante dama en una fiesta de gente adinerada.

El cómico llevaba su esmoquin negro, de una talla mucho más chica que la suya y mal puesto. Su pantalón estaba colocado tan por debajo de la cintura que por su espalda aparecía su ropa interior, ante la sorpresa y el rubor de la selecta concurrencia, pero llevaba con tal inspiración y soltura el ritmo que la dama optaba por disculpar sus extravagancias.

En un momento dado, *Cantinflas* se emocionaba tanto con el baile que improvisaba *nuevos pasos:* daba brincos a derecha e izquierda, pequeños saltitos aquí y allá y, finalmente, al terminar el danzón, un enorme brinco, de tal forma que, al caer con estrépito, sus pantalones –amarrados con un sencillo mecate– iban a dar a sus pies y tenía que hacer un vergonzoso mutis, ante la risa generalizada de los asistentes.

Lo ilógico

Se presenta en aquella otra película en la que una dama de la alta sociedad, bastante pasada de kilos, entra a una pastelería y selecciona algunas galletas y un gigantesco pastel que se muestra en la vitrina.

La señora luce un vestido pulcro y almidonado, blanquísimo, y un vistoso sombrero. En ese mismo momento, en la banqueta se estaciona un camión lleno de pasteles y el chofer comienza a descargarlos. Al entrar, el empleado saluda con amabilidad a la dama y se dirige a la cocina para llevar aquellos pasteles, pero son tan numerosos que al chofer le faltan manos para realizar bien su tarea. Además, algunos son para bodas y, por tanto, muy pesados, así que el chofer olvida un enorme pastel de chocolate en un lujoso sillón para uso exclusivo de los clientes, justo detrás de la señora.

Por otra parte, como el pastel elegido por la dama es para envolver de regalo y el dependiente se retrasa en su tarea, contestando varias llamadas telefónicas y atendiendo a otros clientes de forma simultánea, éste le ofrece de manera cortés –pero distraídamente– que se siente en el sillón, mientras mira sus papeles sobre el mostrador y concentra su atención en las labores que realiza.

Así que la señora da unos pasos hacia atrás y, sin ver el asiento, se sienta. Lo que iba a ser un confortable descanso después de la larga espera, resulta una desagradable sorpresa porque, al dejarse caer cómodamente sobre el mueble, su blanco vestido se mancha de chocolate y, al querer levantarse, como es bastante obesa, se resbala y va a dar de bruces contra el chofer, quien justo en ese momento pasa con otro pastel, y acaba la elegante señora con la cara hundida en la blanca crema que lo cubre; al mismo tiempo, su vistoso y elegante sombrero rueda por los suelos.

Los demás clientes, al presenciar la escena, ríen a carcajadas y la dama se disgusta mucho. Entonces, en un arranque de cólera, pierde toda compostura y sus refinadas maneras al estrellar otro pastel en la cara del señor que más se burla de ella; éste le responde de la misma manera y en un instante se desata una guerra de pastelazos entre todos los demás clientes y empleados.

Otro ejemplo es el de aquel profesor sabio que está metido en su laboratorio haciendo una investigación y de pronto lo interrumpe un amigo para invitarlo a jugar tenis. Acepta, pero no muy convencido y de mala gana.

Sale de su casa y llega al club deportivo. Mientras se quita la ropa, continúa concentrado en los experimentos químicos que estaba realizando. Al final, sale de los vestidores y se enfila a las canchas con una buena raqueta, su gorra y los tenis, pero comete un despiste: en vez de ponerse el *short* y su playera blanca –atuendos apropiados para practicar este deporte–, ¡por distracción se pone su pijama de rayas rojas! Sobra describir la risa que provoca entre los deportistas que se encuentran cerca de las canchas porque lo ven salir a paso veloz para calentar sus músculos y comenzar con ímpetu su encuentro, hasta que se da cuenta de su distracción.

El cariz psicológico

Otras veces el objetivo es la representación de una personalidad, por ejemplo, la del aprensivo. Vemos en la película que un hombre entra a un banco a cobrar un dinero. El cajero es su amigo y estrecha su mano. Mientras cuenta con agilidad los billetes que va a entregarle, el aprensivo observa que en su mayoría se encuentran ya viejos, gastados y, cae en cuenta de que esos billetes han pasado por mil manos, y por tanto, su amigo cajero no debe tener las manos muy limpias que digamos.

Luego el cajero le entrega la cantidad esperada. Conversan un rato, el aprensivo quiere despedirse, pero sin tener contacto físico alguno con su amigo. No obstante, éste le toma por sorpresa la mano y la estrecha de manera efusiva. Así que sale el personaje del banco, bastante intranquilo, y en el primer lavabo que encuentra corre a lavarse las manos escrupulosamente.

Después, decide entrar al cine a ver una película cómica y junto a él se sientan dos gordos. Uno de ellos come un enorme chocolate, y cada vez que ocurre alguna escena divertida le toca el brazo para celebrarla o hacerle comentarios graciosos. El aprensivo se pone nervioso y supone que su compañero mancha su impecable camisa.

Entonces, el otro gordo comienza a sonarse la nariz con estrépito, y el aprensivo voltea a verlo fijamente y con el ceño fruncido para censurar su poca urbanidad. Sin embargo, de pronto se da cuenta de que es un antiguo compañero de escuela y, sin demora, el gordo estrecha su mano. Al personaje obsesivo le da tal ataque de asco que no resiste más y decide ir al baño cuanto antes a lavarse otra vez las manos.

Mientras realiza esta operación de manera minuciosa, mira por el espejo hacia atrás y observa que del cubículo sale un familiar suyo, y antes de lavarse las manos su pariente se adelanta con rapidez y, emocionado por el inesperado encuentro, le da un fuerte abrazo sin dar oportunidad a nuestro personaje de evitarlo.

La última escena que aparece en el filme es que el aprensivo huye del cine y corre a toda prisa para refugiarse en su casa. Al entrar no se detiene para saludar a su familia con el objeto de que nadie más vuelva a tocarlo, mas su pequeño hijo, embadurnado de lodo porque había llovido y estuvo jugado por la tarde en el jardín, lo abraza y mancha sus pantalones, así que el aprensivo entra al baño, se desviste y luego se coloca debajo de la regadera, mientras se frota todo el cuerpo con jabón, pero antes en la puerta del baño había colocado un letrero que dice: "¡Que a nadie se le ocurra tocar!"

Lo exagerado

Otras veces, lo desproporcionado o exagerado es lo que nos produce risa, como aquel chiste que dice que había un señor de edad avanzada que a lo largo de su vida se había sometido a tantas cirugías plásticas para no verse tan viejo y tenía tan estirada la piel que al levantar la ceja derecha se le resbalaba el calcetín izquierdo y viceversa.

Los juegos de palabras

Jugar con las palabras siempre ha tenido un especial atractivo y es un recurso habitual de la comicidad en todos los idiomas.

Se cuenta que un médico, profesor de anatomía, en un examen oral indicó a uno de sus alumnos lo siguiente:

—A ver, compañero, explíqueme con detalle qué es el píloro.

Sorprendido el estudiante por no haber estudiado lo suficiente, se limitó a responder:

—Ignórolo.

A lo que el catedrático replicó con determinación:

—¡Pues, repruébolo!

La imitación

El célebre cómico *Tin Tan* imitaba a la perfección a los *pachucos*, esos paisanos mexicanos que se iban a trabajar a Estados Unidos y, al poco tiempo de radicar en el país vecino, incorporaban a su vida muchas formas de hablar, de vestir y de comportarse, haciendo un curioso híbrido entre lo nacional y lo estadounidense; incluso hablaban el pintoresco *espanglish*.

Así que cuando regresaban a su lugar de origen, se presentaban de traje, con una florida y ancha corbata, un sombrerillo a la moda y unos ostentosos zapatos de colores café con crema, ¡ah, y unos llamativos lentes de sol, aunque el día estuviera nublado!

173

En la película, por ejemplo, *Tin Tan* saludaba con entusiasmo a sus amigos de la humilde vecindad donde había vivido por muchos años, más o menos de esta manera:

—*My friends*, ¿cómo les *how are you*? [Mis cuates, ¿cómo están?] ¿Qué les parece mi traje tan *shineado* [nuevo y reluciente]? ¿Les *like it?* [¿Les gusta?] ¡Puro *Fifth Avenue!* [Es muy fino, lo conseguí en la Quinta Avenida]. Algún vecino nuevo del barrio que no lo conocía le preguntaba:

—¿Cómo te llamas? ¿De dónde eres?

—*My name is Mel.* La mera *neta, my big city, New York, is beautiful!* [¡Mi gran ciudad, Nueva York, es fabulosa!] Y chambeo como actor y cantante en los mejores teatros de Broadway.

Y su inseparable carnal Marcelo, para bajarle *los aires de grandeza,* lo increpaba:

—¡Qué Mel ni qué nada! ¡Te llamas Melquíades, eres de Atotonilco, el traje que llevas es alquilado, y nos ganamos la vida cantando y tocando la guitarra en el metro de Nueva York! ¿Ya se te olvidó tan pronto? ¡No finjas demencia!

—¿Qué, así nos llevamos, *my brother*? –respondía desconcertado *Tin Tan* al ser descubierto.

Otros cómicos, como el célebre Mr. Bean, tienen una asombrosa facilidad para imitar a los demás en su modo de caminar, hablar o reírse, ¡hasta sus tics! O simplemente con los gestos y bromas que realiza, sin inhibición alguna, las personas *se mueren de risa.* Otras veces nos divierte que un cómico imite a ciertos animales, a un niño, a un anciano achacoso o a un petulante millonario.

¿Por qué es importante descubrir los factores que pueden producirnos risa? Porque pienso que muchas veces los necesitamos, cuando, por ejemplo, estamos pasando por un momento difícil que nos produce tensión y tendemos a ponernos de mal humor. El simple hecho de visualizar el lado amable y divertido que tiene la vida puede cambiar nuestra perspectiva de la jornada.

Tengo un viejo amigo notario que en el librero de su casa tiene a su disposición un buen número de películas de *Cantinflas*, y cuando se encuentra cansado y de no muy buen ánimo se pone a verlas. Asegura que se le olvidan sus preocupaciones y termina por darles su justa dimensión, o bien, este pasatiempo le da oportunidad para reconsiderar la posible solución a un problema de un modo más acertado y positivo.

Otro amigo arquitecto me contó que en su niñez no se perdía el popular programa televisivo *El Chavo del Ocho* y que descansaba mucho con su humor blanco, así que ha decidido grabarlo y verlo de vez en cuando. Además, con asombro, me dijo que en cierta ocasión fue a impartir una serie de conferencias sobre la moderna arquitectura mexicana en Chile y al finalizar una de éstas, se le acercó un afamado arquitecto que le hizo varias preguntas y se mostró bastante interesado por el tema que había tratado, pero notaba que miraba el reloj de reojo y con nerviosismo, así que mi amigo le sugirió:

—Si usted tiene prisa, mañana seguimos conversando sobre arquitectura mexicana con más calma...

—No –le respondió su interlocutor–, lo que ocurre es que a las nueve de la noche pasan por televisión *El Chavo del Ocho* y en mi familia no nos lo perdemos por nada del mundo. ¡Es nuestra mejor terapia!

Otro conocido mío, quien posee un carácter apasionado e impetuoso, tiene la original costumbre de que, en cuanto se percata de que se ha puesto de mal humor y lleva mala cara, se mira ante espejo del baño de su habitación, se encara consigo mismo y se dice:

—¡Pero mira nomás qué cara traes! ¿Así piensas salir a la calle para entrevistarte con tus clientes? ¡De seguro que con esta *superjeta* que llevas no venderás ni una escoba!

Esa autocrítica le sirve para cambiar cuanto antes de semblante. Aclaro que no es que esté mal de la cabeza: lo que ocurre es que, como se dedica a las relaciones públicas y a las ventas, presentarse con un semblante amable, simpático y sonriente resulta fundamental para su trabajo.

Este ejercicio de aprender a reírse de uno mismo suele ser saludable porque ayuda a ver nuestros conflictos desde cierta distancia, con la suficiente perspectiva para *desdramatizarlos*.

Me parece importante aclarar que la risa y el buen humor nada tienen que ver con el sarcasmo, la burla cruel, la mofa, la crítica mordaz o la ironía malsana propios del que busca divertirse a costa de hacerles pasar un mal rato a otras personas. A esto se le llama simple y sencillamente falta de caridad con el prójimo, puesto que toda persona tiene su dignidad y, por tanto, debe ser respetada, más allá de cuáles sean sus circunstancias particulares.

El reconocido actor, cómico y guionista de televisión, ya fallecido, Roberto Gómez Bolaños, creador de los populares personajes de los programas *El Chavo del Ocho*, *El Chapulín Colorado* y otros más, comentaba que, por desgracia, en muchos programas de televisión observaba la tendencia de la comedia de girar casi siempre en torno al sexo.

Consideraba que, además de ser vulgares y de mal gusto, estos programas manifiestan poco ingenio creativo, pues naturalmente requieren menos esfuerzo intelectual. Él afirmaba que lo hermoso del arte de hacer reír a la gente es lograrlo con humor blanco, sano, de tal manera que puedan presenciarlo con el mismo gusto los abuelos, los hijos y los nietos, y lograr que la familia entera pase un rato muy agradable. Concluía que en eso se demostraba la verdadera creatividad y el talento. Otros famosos cómicos de México y de varios países sostienen el mismo punto de vista; es decir, que el sentido de lo cómico no tiene por qué ser chabacano o vulgar para divertir. Por el contrario, no hay nada más grato que el humor elegante y la fina ironía.

Conclusión

Recuerdo haber leído una cita del escritor Couverbiére que me pareció interesante:

> El humor es un gran médico. Su eficacia terapéutica se debe al hecho de que constituye el clima psicológico ideal para que el sistema nervioso, que es la clave de la salud, pueda realizar su trabajo regulador en las mejores condiciones de facilidad, de buena circulación vital y de relajamiento. Es el que posibilita que la vida tenga sentido en cualquier circunstancia.[21]

Existen dos verdaderos enemigos de la alegría, y de la salud corporal y mental: el mal humor y la melancolía. Por consiguiente, el sentido del humor es señal cierta de madurez en la persona:

> Reír será siempre la mejor terapia para el espíritu. Si nuestra disposición interior es buena en todo momento, hay motivos para ver el lado bonito de las cosas. [...]

---

[21] Jesús Garanto Alós, *Paidología del humor*, Barcelona, Herder, 1983.

El deseo de hacer felices a los demás es el verdadero motor que mueve a poner la nota simpática.[22]

El célebre ensayista y literato inglés Gilbert K. Chesterton no dudaba en afirmar con frecuencia que "la alegría, que fue la pequeña manifestación en el pagano, ha sido el gigantesco secreto del cristianismo"[23]. San Josemaría Escrivá de Balaguer también escribió: "Cada vez estoy más persuadido: la felicidad del cielo es para los que saben ser felices en la Tierra".[24]

La alegría, por tanto, debe ser parte integrante de nuestro cotidiano existir. Si procuramos estar siempre en paz, contentos, y a la vez buscamos hacer agradable y amable el camino de los que nos rodean, a nuestra vida sobrevendrá –con la naturalidad y espontaneidad con que surge un manantial– una profunda felicidad, aun en medio de penas, sufrimientos y contrariedades, que nunca faltan.

Deliberadamente he querido finalizar el libro con este capítulo sobre la risa, para que tú –amigo lector– termines de leerlo también con una sonrisa y buen ánimo, y nos convenzamos de que, en efecto, ¡vale la pena vivir con alegría, optimismo y buen humor!

---

[22] Miguel Ángel Martí García, *La madurez*, Madrid, eiunsa, 2006, p. 111.

[23] Baviera Puig, Tomás, *Pensar con Chesterton. Fe, Razón, Alegría*, Ciudad Nueva, Madrid, 2014.

[24] Josemaría Escrivá de Balaguer, *Forja*, México, Minos III, Milenio Editores, 2011.

Fuentes de consulta

Baviera Puig, *Tomás, Pensar con Chesterton. Fe, razón, alegría*, Ciudad Nueva, Madrid, 2014.

Bergson, Henri, *La risa. Ensayo sobre el significado de la comicidad*, Buenos Aires, Espasa Calpe, 2011.

Bolio y Arciniega, Ernesto, "Personalidad madura", en *Istmo*, núm. 112, México, 1990.

Burns, David, *Sentirse bien*, México, Paidós, 1991.

Carlson, R. y E. Salesman, *No se disguste por pequeñeces*, Quito, Ediciones San Pablo, 2005.

Carnegie, Dale, *Cómo suprimir las preocupaciones*, Buenos Aires, Editorial Sudamericana, 1980.

Collins, Francis, *El lenguaje de Dios*, Madrid, Planeta, 2007.

Escrivá de Balaguer, Josemaría, *Camino*, México, Minos III, Milenio Editores, 2015.

Escrivá de Balaguer, Josemaría, *Forja*, México, Minos III, Milenio Editores, 2011.

Frankl, Viktor, *Psicoanálisis y existencialismo*, México, FCE, 1990.

Gambra, Rafael, *Historia sencilla de la filosofía*, México, Minos III Milenio Editores, 1986.

Garanto Alós, Jesús, *Paidología del humor*, Barcelona, Herder, 1983.

Goñi, Carlos y Pilar Guembe, "La noche, los antros y los jóvenes actuales" en *Aceprensa*, servicio núm. 9, Madrid, 4 de marzo de 2010.

Guardini, Romano, *La aceptación de sí mismo. Las edades de la vida*, México, Librería Parroquial, 1964.

Hipona, San Agustín de, *Comentario a la primera Epístola de San Juan*, núm. 7, Madrid, Biblioteca de autores cristianos, 1986.

Machado, Antonio, *Soledades II*, Madrid, España Calpe, 1975.

Martí García, Miguel Ángel, *La ilusión. La alegría de vivir*, Barcelona, EIUNSA, 2006.

_____, *La madurez*, Madrid, EIUNSA, 1998.

Rubio, Carlos, *Reforma*, sección cultural, 8 de febrero de 2010.

Saint-Exupéry, Antoine de, *El Principito*, México, Seprecom, 2014.

Urteaga, Jesús, *Los defectos de los santos*, México, Minos III Milenio Editores, 2009.

Vázquez de Prada, Andrés, *Sir Tomás Moro. Lord canciller de Inglaterra*, Madrid, Rialp, 1999.

*Si quieres,
puedes ser feliz*

terminó de imprimirse en 2019
en los talleres de Edamsa Impresiones, S. A. de C.V.,
Avenida Hidalgo 111, colonia Fraccionamiento
San Nicolás Tolentino, alcaldía Iztapalapa,
09850, Ciudad de México.